Peter Clutterbuck

Rätselspaß für Schnelldenker

Zwischenaufgaben für Deutsch, Mathematik und Sachunterricht

Band 2

Aus dem Englischen von Barbara Soukup-Sterl

Auer Verlag GmbH

Dieses Buch erschien bei Blake Education unter dem Titel:
„Peter Clutterbuck – Timely Tasks for Fast Finishers – Middle Primary.“
ISBN 1-86509-775-6
Sydney 2000

Gedruckt auf umweltbewusst gefertigtem, chlorfrei gebleichtem
und alterungsbeständigem Papier.

1. Auflage. 2005

Illustrationen: Greg Anderson-Clift, Thomas Berendt
Gesamtherstellung: Ludwig Auer GmbH, Donauwörth
ISBN 3-403-0**4071**-2

INHALT

Suche die Verbindung

Jedes Wort im linken Rahmen steht mit einem Wort im rechten Rahmen irgendwie in Verbindung. Schreibe die richtigen Wortpaare auf die Linien.

Pferd	Fisch
Schuppen	Höcker
Katzen	Glas
Papier	Herz
Kamel	Jammer
Flasche	Sattel
Seide	Raupe
Niere	Stift

Schnelles Wortquiz

Wie viele Wörter mit *ll* findest du in fünf Minuten?

Du hast noch einmal fünf Minuten Zeit. Suche nun Wörter mit *tt*.

Bilde Wörter

Wie viele Wörter kannst du aus den Buchstaben in den Kästchen bilden?

Jeder Buchstabe darf nur einmal verwendet werden und die Wörter dürfen nur in der Einzahl stehen.

N	A	L	E
D	R	U	K
S	I	T	B

DEUTSCH

Verwandle die Wörter

Tausche nacheinander immer einen Buchstaben eines Wortes aus.
Die gefundenen neuen Wörter (auch Vornamen sind erlaubt) müssen einen Sinn ergeben, brauchen aber keine Namenwörter zu sein.
Sieh dir das Beispiel an.

1. *Hase - Hose - Rose - Rost - Rast - Hast - fast - fest*

2. *Land* - _____ - _____ - _____ - _____ - _____ - *Bild*

3. *Korb* - _____ - _____ - _____ - _____ - _____ - *Kahn*

4. *Ratte* - _____ - _____ - _____ - _____ - *Biene*

Suche die Einzelwörter

Beim Tippen wurden die Leerzeichen zwischen den Wörtern vergessen und der folgende Wortkaugummi kam dabei heraus. Kannst du die Wörter voneinander trennen? Die Hinweise unten helfen dir dabei.

MAUSKUHVIERKRANKBLAULÖWEZUERSTDORFTROCKENSCHLANGESCHUHKÜKEN

1. nicht gesund _____
2. große Raubkatze _____
3. Kriechtier _____
4. Zahl _____
5. Entenjunges _____
6. Gegenteil von „zuletzt" _____
7. kleiner als eine Stadt _____
8. nicht nass _____
9. Farbe _____
10. Bauernhoftier _____
11. Fußbekleidung _____
12. kleines Tier, das gern Käse frisst _____

Anfangsbuchstaben

1. Schreibe die Wörter, die zu den Erklärungen passen, auf die Zeilen.
2. Jedes Wort beginnt mit einem der Buchstaben im Rahmen. Streiche diesen Buchstaben aus, wenn du ihn gebraucht hast.
3. Die Buchstaben, die übrig bleiben, ergeben a) eine Farbe, b) anders gelesen ein anderes Wort für „Stelle“ und c) von hinten nach vorn gelesen ein Wort für eine Art Eingang.

D O B L M K R E Z H W T G

1. Aus ihr wird einmal ein Frosch ____________
2. Hundebaby ____________
3. Ein Insekt, das Honig erzeugt ____________
4. Großes Tier mit Rüssel ____________
5. Wir bekommen sie von der Kuh ____________
6. Die Zahl nach 19 ____________
7. Trägt Eier, aber nur zu Ostern ____________
8. Messer und ____________
9. Sie hat Sprossen, die du hochsteigen kannst ____________
10. Du siehst ihn, wenn Wasser kocht ____________

5 MINUTEN

Welche Tiere sind es?

Mit den kurzen Wörtern im Rahmen kannst du die Tiernamen vervollständigen.

AB	*KRAN*	*LAMA*	*RANG*	*PAPA*
LANG	*UND*	*ZELLE*	*ELF*	*RAT*

1. D ____ in
2. Sa _____ nder
3. Kr ___ be
4. H _____
5. ______ gei
6. O ______ -Utan
7. Ga ______
8. Sch _______ e
9. _____ ich
10. ____ te

5 MINUTEN

DEUTSCH

Knack den Code

Kannst du die Wörter in Geheimschrift entziffern? Es sind zwölf Tiernamen.

5 MINUTEN

Was siehst du auf dem Bild?

Was erkennst du alles auf dem Bild von Birgit, der Maurermeisterin?
Setze alle Begriffe, die du findest, in die Mehrzahl und schreibe sie auf ein Extra-Blatt.
Beispiel: Handwerkerinnen, Maurerkellen …

15 MINUTEN

DEUTSCH

DEUTSCH

Entziffere die Wörter

Sieh dir die Codes genau an und entziffere dann die Wörter.
Jedes Wort bezeichnet ein Nahrungsmittel. Orientiere dich am Beispiel.

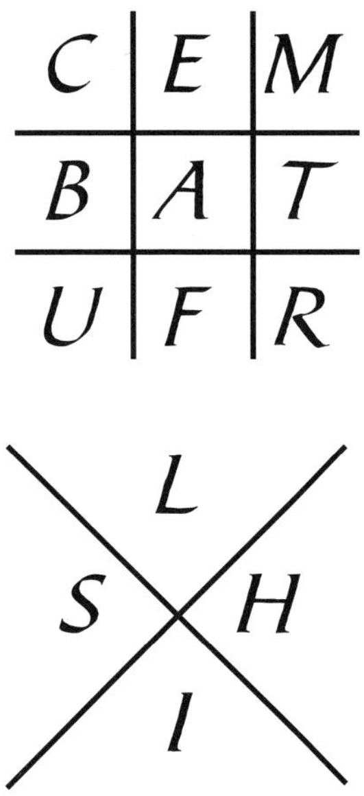

1.  Milch
2.  ______
3.  ______
4.  ______
5.  ______
6.  ______

5 MINUTEN

Suche die versteckten Wörter

Alle versteckten Wörter haben nur drei Buchstaben. Finde sie und schreibe sie neben die Erklärungen.

T	E	E	C	K	Z	L	A	U
U	N	D	A	S	R	O	M	D
N	A	H	Z	E	H	K	U	H
I	S	T	U	H	R	T	T	U
E	T	A	G	A	A	O	R	T
U	H	U	M	I	T	N	U	N

1. Kopfbedeckung ____
2. heißes Getränk ____
3. Gegenteil von Feigheit ____
4. ein Teil vom Baum ____
5. Meine Hose ____ neu.
6. fern und ____
7. Verwandter vom Kauz ____
8. Guter ____ ist teuer.
9. Es ist still, man hört keinen ____.
10. ____ Fenster ist zu.
11. zwischen heiß und kalt ____
12. Lippenfarbe ____
13. ____ und Nacht
14. großer Raubfisch ____
15. Tier, das Milch gibt. ____
16. Diese Wassertropfen findest du morgens auf Gräsern und Bäumen. ____
17. anderes Wort für „Stelle" ____
18. eins von vieren im Quadrat ____
19. Hier wohnt der Papst. ____
20. anderes Wort für „machen" ____
21. einer von zehn an deinen Füßen ____
22. Er fährt auf Gleisen. ____
23. Sie zieht Nr. 22. ____
24. anderes Wort für „jetzt" ____
25. Ich geh raus, wer geht ____?

10 MINUTEN

Tabellenwörter

Schreibe Wörter in die Tabelle, die mit den Buchstaben in der Kopfzeile beginnen. Die Anzahl der Buchstaben ist in der linken Spalte vorgegeben. Sieh dir zuerst die Beispiele an.

	D	A	H	I	N
2			*he!*		
3		*Ast*			
4				*Igel*	
5					
6	*denken*				

10 MINUTEN

Was gehört zusammen?

Suche die passenden Wörter im Buchstabenkasten und schreibe sie auf die Zeilen. Lies zuerst das Beispiel.

U	M	B	A	S	H
H	O	U	L	I	E
O	N	T	I	E	R
F	D	T	O	S	Z
A	L	E	I	S	E
M	F	R	A	U	D
S	T	A	D	T	X

1. Sonne und *Mond*
2. Brot und ____________
3. Mann und ____________
4. hin und ____________
5. Mensch und ____________
6. Haus und ____________
7. laut und ____________
8. Dorf und ____________

10 MINUTEN

DEUTSCH

Erkenne die Form

Male die Felder mit *richtig* geschriebenen Wörtern *blau* an.

Male die Felder mit **falsch** geschriebenen Wörtern **rot** an.

Wenn du alles richtig gemacht hast, ergibt sich eine Form.

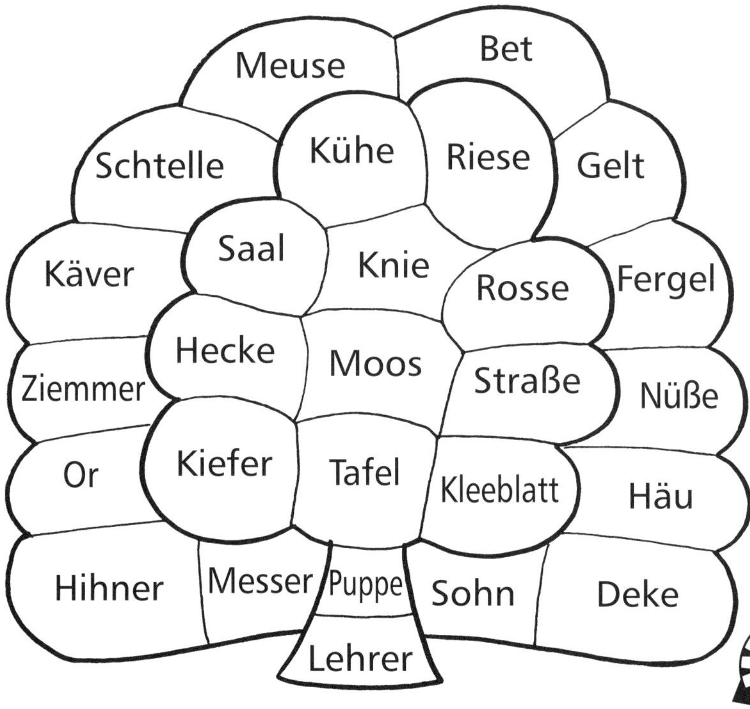

5 MINUTEN

Setze richtig zusammen

Die folgenden Wörter sind verkehrt zusammengesetzt.

Kannst du sie richtig hinschreiben?

Ein Beispiel: *CHEKÜ = KÜCHE*

1. *SELBRÖ*	________	10. *BAHNACHTER*	________
2. *BALLFUß*	________	11. *GARTENKINDER*	________
3. *TERWIN*	________	12 *WANNEBADE*	________
4. *BAHNAUTO*	________	13. *SCHETA*	________
5. *BUCHLESE*	________	14. *FENSTERSCHAU*	________
6. *FONTELE*	________	15. *BLÜMCHENGÄNSE*	________
7. *BUSOMNI*	________	16. *KEWOL*	________
8. *KÄUFERVER*	________	17. *SCHIRMREGEN*	________
9. *SEPAU*	________	18. *STUHLFAHR*	________

5 MINUTEN

DEUTSCH

Zauberquadrate

Setze die Schüttelwörter neben den Erklärungen richtig zusammen. Wenn du die gefundenen Wörter in die Zauberquadrate der Reihe nach einträgst, wirst du sehen, dass sie sich nach rechts und nach unten lesen lassen.

er sagt, wer du bist	(EAMN)
Kains Bruder	(BELA)
gemahlenes Getreide	(HELM)
Unterarmknochen	(LELE)

Kletterpflanze	(UFEE)
die Finger einer Hand	(ÜNFF)
quakendes Tier	(TEEN)
Flussrand	(FERU)

Ordne richtig zu

Schreibe die Wörter aus dem Rahmen in den richtigen Baum.

beige	*Endivie*	*Salamander*	*lindgrün*
Fenchel	*Pinguin*	*violett*	*Kürbis*
Flamingo	*Krokodil*	*Lauch*	*Möwe*
Eidechse	*orange*	*Elster*	*Schlange*

DEUTSCH

Streiche ein Wort weg

Kreise in jeder Reihe das Wort an, das nicht dazupasst und schreibe auf, warum.

Grund:

1. 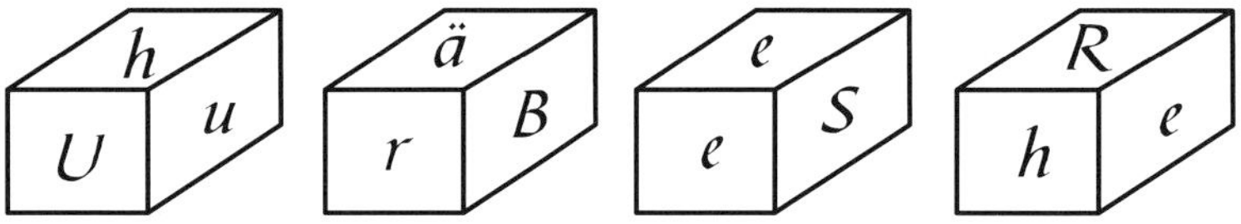

____

2. 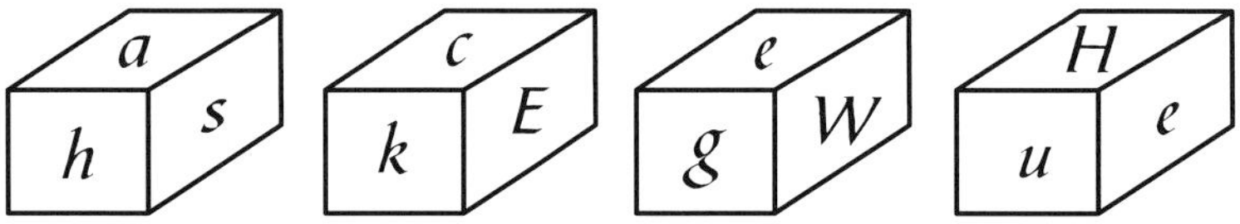

____

3. 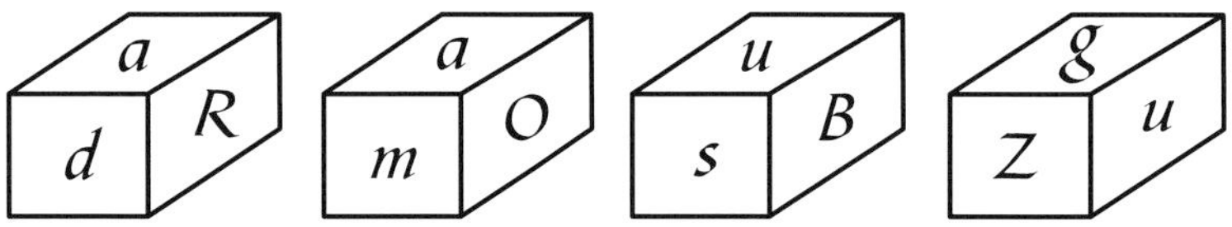

____

4. 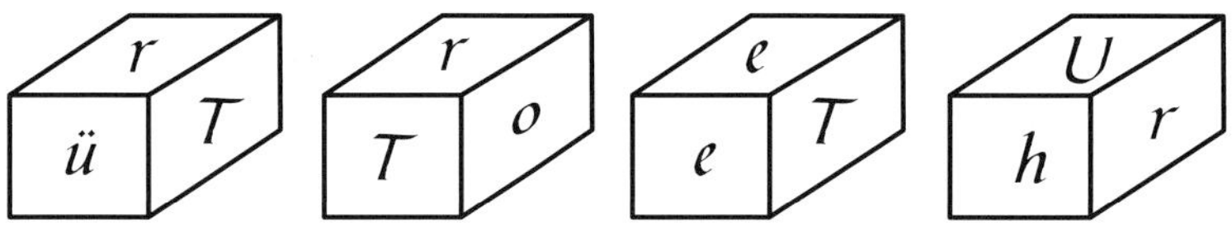

____

5. 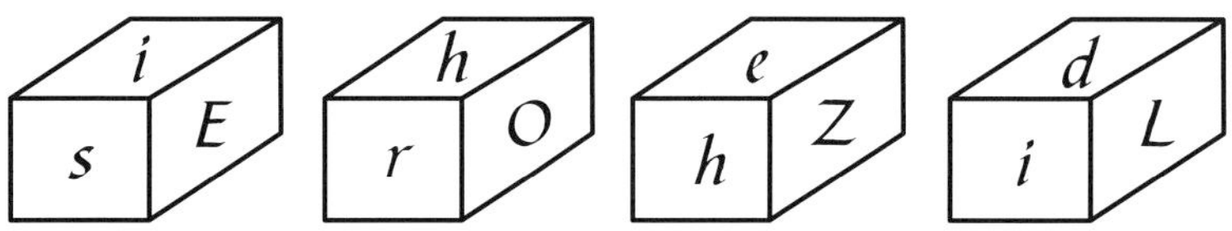

____

8 MINUTEN

Ist das essbar?

Schreibe immer den ersten Buchstaben und dann jeden zweiten aus den Wortschlangen hin und du bekommst acht Wörter für Dinge, die man essen kann.

1. *Htaxmpbzusrsgxesr* __________________
2. *Pbfmizreswiucjh* __________________
3. *Bgalniasnke* __________________
4. *Folmepixsecjh* __________________
5. *Obriaynfgheln* __________________
6. *Moakrögpaqreisnhe* __________________
7. *Zriutmruobnhe* __________________
8. *Alpörnifkäotsde* __________________

5 MINUTEN

Ergänze die Selbstlaute

Bei den folgenden Wörtern fehlen alle Selbstlaute. Findest du sie?

1. *Dr__ss__l* (Vogel)
2. *Sch__l__* (Lernort)
3. *T__nn__s* (Sportart)
4. *Fr__g__z__ __ch__n* (kommt nach einer Frage)
5. *Tr__kt__r* (diese Maschine braucht ein Bauer)
6. *R__cht__ck* (vierseitige Form)
7. *N__chr__cht__n* (Neuigkeiten im Fernsehen)
8. *G__b__rg__* (mehrere Berge)
9. *H__b__cht* (Vogel)
10. *Sch__f__rh__nd* (Hunderasse)
11. *S__ll__r__ __* (Wurzelgemüse)
12. *B__ch__r__ __* (hier kannst du Bücher ausleihen)

Zerlege die Umlaute in zwei Vokale: ä = ae, ö = oe, ü = ue.

5 MINUTEN

DEUTSCH

Bilde Wörter mit „ein"

Kannst du zehn Wörter bilden, indem du einen oder mehrere Buchstaben zu „ein" hinzufügst?

Du kannst sie voranstellen, nachstellen oder auch beides.

Beispiel: GeldschEIN

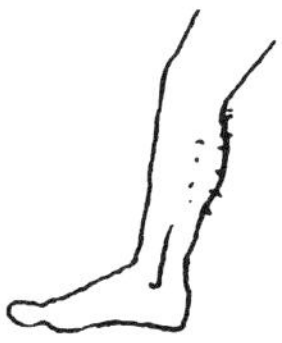

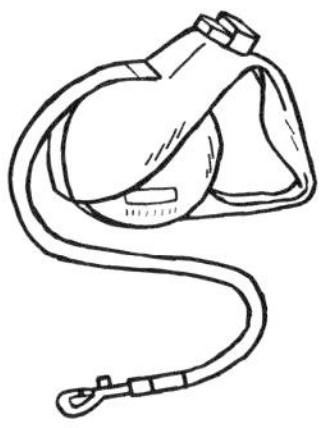

Wie viele Wörter schaffst du?

Bilde so viele Wörter wie möglich und schreibe sie auf ein Extra-Blatt mit oder ohne RAND.

____ ____ N D

Verwende dein Wörterbuch

Ergänze mit Hilfe des Wörterbuchs (z. B. des Rechtschreib-Dudens) das fehlende Wort bei der Erklärung.

die Aubergine:
eine Pflanze mit gurkenähnlichen ________ Früchten

die Hornisse: ein Insekt, das zur Art der __________ gehört

das Känguru: ein australisches ________tier

der Panther: bedeutet so viel wie _______________

der Frischling: ein junges _______________

die Sardine: ein kleiner __________

der Cervelat: Brühwurst aus _______________

das Fagott: ein _______________ aus Holz

generös: ein anderes Wort für ______________

der Caravan: ein englisches Wort für _______________

Zerlege die Wortstraße

In dieser Wortstraße stecken dreizehn Wörter, vorwärts gelesen, und ein Wort, wenn man rückwärts liest. Findest du alle?

Was ist ähnlich, was verschieden?

Am Anfang der Wortreihen steht immer ein Wort in Großbuchstaben.
Von den folgenden Wörtern hat jeweils eins eine ähnliche Bedeutung und ein anderes bedeutet das Gegenteil.
Mache einen **Kreis** um das **ähnliche** Wort und unterstreiche das Gegenteil.

BEQUEM ungemütlich ruhig geschlossen behaglich

BREIT süß schmal dumm weit

BETRÜBT langsam traurig fröhlich langweilig

EINE DELIKATESSE eine Fischsuppe schlechtes Essen ein großer Topf ein Leckerbissen

STARTEN anhalten losfahren abbiegen rasen

ERLAUBEN sich beschweren genehmigen spazieren verbieten

SCHLENDERN schwimmen rennen langsam gehen hinfallen

BEDÜRFTIG jung arm unruhig reich

FEUCHT trocken kalt nass lang

GELASSEN aufgeregt schnell vergesslich ruhig

DEUTSCH

Füge einen Buchstaben hinzu

Wenn du bei den folgenden Wörtern einen Buchstaben ergänzt, entstehen neue Wörter, die zu den Erklärungen passen.

Die Buchstaben passen vorne, hinten oder in der Mitte zu den Wörtern.

BAD	in einigen Augenblicken	______	**KIRCHE**	rote Steinfrucht	______
SOLLEN	ein Weihnachtsgebäck	______	**STAND**	dort ist man gern im Urlaub	______
ALT	Gegenteil von „heiß"	______	**EILE**	darauf schreibst du	______
GAS	durchsichtiges Material	______	**KAM**	fast nie	______
STAR	anderes Wort für „käftig"	______	**WAL**	viele Bäume	______
SEEN	mit den Augen kannst du	______	**DENEN**	etwas auseinander ziehen	______

5 MINUTEN

Was steckt im Buchstabenkasten?

1	k	p	l	m	n	o	q
2	l	a	h	m	e	i	s
3	e	t	v	e	e	w	b
4	g	a	z	e	l	l	e
5	a	e	i	o	u	i	e
6	i	f	e	d	b	c	a

1. Welche Reihe hat nur Selbstlaute? ____
2. In welcher Reihe sind nur Buchstaben nach „j" im Alphabet? ____
3. In welcher Reihe erscheint ein Selbstlaut dreimal? ____
4. In welcher Reihe steht ein Tiername? ____
5. In welcher Reihe sind nur Buchstaben vor „j" im Alphabet? ____
6. Aus den Buchstaben von Reihe 2 kannst du eine Menge Wörter bilden. Wie viele findest du? ____

10 MINUTEN

Ordne die Silben

Aus den vier Silben in jeder Zeile kannst du zwei Wörter machen.
Beispiel: PE SE LAM NA = Nase, Lampe

1. SE VO WIE GEL ____________
2. SE TE GEL RAT ____________
3. NE SE BLU SON ____________
4. HAA PE TREP RE ____________
5. TAS PFIR SE SICH ____________

6. MAP TUNG ZEI PE ____________
7: ON LER TEL KEL ____________
8. SCHE TEN RE GAR ____________
9. KAK SEL WIE TUS ____________
10. NA TZE ME MÜ ____________

Welche Buchstaben fehlen?

Stelle jeweils die zwei Buchstaben voran, aus denen sich Begriffe für Obst bilden lassen.

___ ___ nane 

___ ___ irsich 

___ ___ rne 

___ ___ rikose 

___ ___ ktarine 

___ ___ ndarine 

___ ___ auben 

___ ___ fel 

___ ___ anas 

___ ___ laume 

___ ___ ange 

___ ___ trone 

DEUTSCH

Trenne die Wörter

Schreibe den ersten Buchstaben der Reihe in Spalte 1 und füge dann jeden zweiten Buchstaben an. So erhältst du das erste gesuchte Wort.

Schreibe nun den zweiten Buchstaben der Reihe in Spalte 2 und dazu jeden zweiten Buchstaben nach diesem, dann hast du das zweite Wort.

			1. Spalte	2. Spalte
1.	W B E I S E P N E E	zwei Insekten	________	________
2.	Z T E I B G R E A R	zwei gestreifte Tiere	________	________
3.	K M I U N N N D	zwei Gesichtsteile	________	________
4.	S T T I U S H C L H	zwei Möbelstücke	________	________
5.	Z S W E Ö C L H F S	zwei Zahlen	________	________
6.	R B E R I E F M E S N E	zwei Autoteile	________	________

10 MINUTEN

Bilde Wörter

Wie viele Wörter kannst du aus den Buchstaben des Wortes

B U C H S T A B E N

bilden? Du darfst die Buchstaben nur in der Anzahl verwenden, in der sie in dem Wort vorkommen, also außer zweimal „b“ jeden Buchstaben nur einmal.

10 MINUTEN

DEUTSCH

Suche die Wörter in den Wörtern

Findest du die kürzeren in den längeren Wörtern? Wenn ja, ergänze mit ihnen die folgenden Sätze.

SCHIEBEN	Das Pferd bekam einen ________ mit der Peitsche.
GESPENST	Du zitterst ja wie __________laub.
LOBEN	Frag sie doch, _____ sie morgen kommen werden.
HUNDERT	__________, die bellen, beißen nicht.
SCHRAUBE	In den Nachrichten hörten wir von dem Bank______.
TASTE	Säg lieber nicht am _____, auf dem du sitzt!
HERING	Furchtlos sprang der Tiger durch den brennenden _______.
MOTORRAD	Der ______wart wehrte den Schuss ab.
KLAMMER	Ein junges Schaf nennt man __________.
SCHACHTEL	Es gibt ganze und halbe Noten, Viertel und ________.
NAMEN	Am Ende eines Gebets sagt man: „_____________".

5 MINUTEN

Was folgt auf „BE..."?

Jedes folgende Wort beginnt mit „BE". Die Erklärungen helfen dir, die Wörter zu finden.

BE____________________
darin schläfst du

BE____________________
anderes Wort für „schon"

BE____________________
was dir gehört

BE____________________
man erlernt ihn nach der Schule

BE____________________
eine kleine Frucht

BE____________________
wer etwas toll findest, der ist:

BE____________________
anfangen

BE____________________
seine Hauptstadt ist Brüssel

BE____________________
und Schaufel

BE____________________
anderes Wort für „verstehen"

5 MINUTEN

DEUTSCH

Setze die Wörter zusammen

Bringe die Buchstaben in Klammern in die richtige Reihenfolge und bilde zusammengesetzte Wörter damit.

Regen________ (TLAMEN) **Zahn**________ (STERÜB)

Mond________ (HILCT) **Foto** ________ (FEIGRA)

Rettungs_______ (GIRN) **Fahr**________ (HUSTL)

Zeichen_______ (BOLCK) **Raum**________ (FIFSCH)

Kamin_______ (HERKER) **Honig**_______ (ABWE)

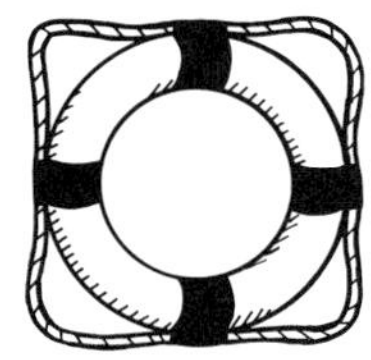

5 MINUTEN

Verbinde die Wortteile

Schau dir die Wortpaare gut an und finde die kurzen Wörter heraus, die drinstecken. Wenn du sehr schnell fertig bist, dann mache dich auf die Suche nach weiteren verborgenen Wörtern. Beispiel: QUAR**K** **UH**R = Kuh

1.	AUTOMAT	ENKEL	Gemüse	
2.	SCHAF	FERKEL	Tier	
3.	BREI	SENDER	Metall	
4.	KORB	ROTTWEILER	Lebensmittel	
5.	KALB	ERNST	kindisch	
6.	DELFIN	KÄSEKUCHEN	Vogel	
7.	ALKOHOL	ZORN	Baumaterial	
8.	FLEISCH	WARZE	Farbe	
9.	SCHLAUFE	IGEL	nicht mutig	
10.	FLIEGER	NEST	mit Vergnügen	

10 MINUTEN

Arbeite mit der Wortuhr

Bilde so viele Wörter, wie du finden kannst. Beispiel: st-eh-en.

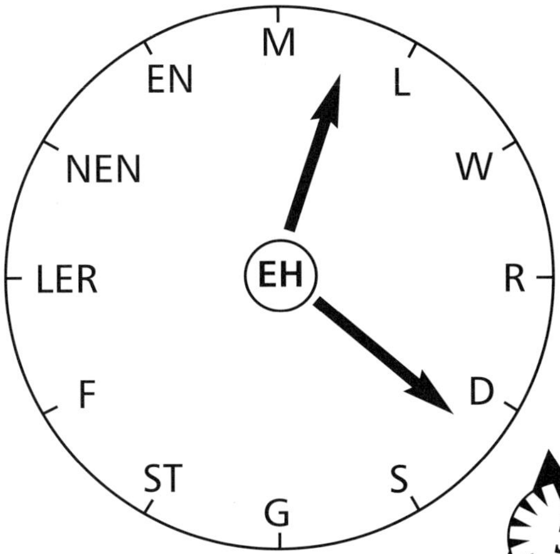

Ergänze die Buchstaben

Füge den ersten und letzten Buchstaben hinzu, um Tiernamen zu erhalten.

__ebr__	__ntilop__
__elika__	__iraff__
__lefan__	__uckuc__
__ieg__	__isbä__
__rokodi__	__ildschwei__

Suche den gemeinsamen Buchstaben

Die Wörter „Salat“, „mit“, „Tor“, „Teer“ und „Glut“ haben alle den Buchstaben „t“ gemeinsam. Welchen Buchstaben haben alle Wörter in einer der folgenden Wortreihen gemeinsam?

1.	Sinn	Durst	Gast	Seele	Moos	
2.	Pause	hüpfen	Schlumpf	Pratze	Tipp	
3.	Erbse	rennen	Perser	fertig	leise	
4.	Eimer	Milch	meistens	Mief	Wams	
5.	Gans	ganz	glänzen	Nagel	Ente	
6.	froh	Gefahr	Reh	Uhr	Wahl	

Schreibe die Buchstaben in die letzte Spalte!

Welche Aussage passt zu welchem Wort?

Blumenkohlkopf Regenbogen Holzbauweise Stift Fußballmannschaft

11

1. Welches Wort enthält alle fünf Selbstlaute? ____________

2. Welches Wort setzt sich aus zwei Wörtern zusammen? ____________

3. Welches Wort hat ein „i“ genau in der Mitte? ____________

4. In welchem Wort kommen dieselben zwei Buchstaben hintereinander gleich zweimal vor? ____________

5. Welches Wort stünde in einem Lexikon vor allen anderen? ____________

6. Welches Wort stünde in einem Lexikon nach allen anderen? ____________

7. In welchem Wort kommen gleich fünf Mitlaute nacheinander vor? ____________

8. Welches Wort hat zehn Buchstaben? ____________

DEUTSCH

Löse das Worträtsel

Schreibe die fünf Wörter, die zu den Bildern gehören, in die richtige Zeile des Kastens.

1. 

2. 

3. 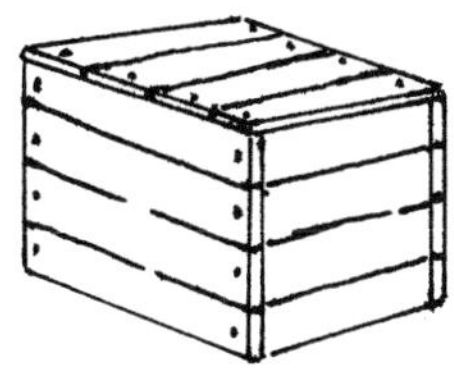

4. 

5. 

	a	b	c	d	e
1					
2					
3					
4					
5					

Entziffere nun die folgenden Wörter mit Hilfe der Buchstaben und Zahlen im Raster:

i) 2a 3d 3b 5d 2e 1d 5e ________________

ii) 4a 1b 2c 4d 4c 4b 2e ________________

iii) 2a 3d 4b 2e 5c 4° 5d 1c 3d 4e 5e ________________

iv) 3d 1e 3b 2b 3° ________________

v) 3c 2b 4c 4d 1d 4e 5d 1c 5c 3e ________________

DEUTSCH

10 MINUTEN

Wie lautet die Rechnung?

Die dritte Zahlenreihe in den Zahlenkästen ist jeweils das Ergebnis aus den ersten beiden Zahlenreihen. In jedem Kasten wird immer wieder dieselbe Art der Rechnung ausgeführt. Welche drei Rechenmuster findest du heraus? Schreibe die richtigen Zahlen in die leeren Kästchen.

1.

4	9	8	7	9	11	15	16	14	13	17	21	25
3	4	6	7	8	7	6	8	10	11	6	9	8
7	13											

2.

2	4	5	6	7	5	8	5	9	7	8	10	6
3	2	3	3	4	4	3	5	5	2	5	10	4
6	8											

3.

10	8	11	12	14	19	12	16	20	30	13	17	100
5	3	4	6	4	8	7	10	11	1	7	12	20
5	5											

5 MINUTEN

Suche die Zahlwörter

1. Suche alle Zahlwörter, die im Dreier-Einmaleins auftauchen.
   (Es gilt nur das ganze Wort, z. B.: „vierzehn“ ist **nicht** „vier“ und „zehn“.)
2. Male die Felder dieser Zahlwörter farbig an, jede Zahl in einer anderen Farbe.

z	w	ö	l	f	n	e	u	n	a	b	c	d
e	d	r	e	i	ß	i	g	s	e	c	h	s
t	t	z	w	a	n	z	i	g	e	i	n	s
f	a	c	h	t	z	e	h	n	g	r	u	m
b	v	d	r	e	i	v	i	e	r	c	c	i
e	i	n	u	n	d	z	w	a	n	z	i	g
p	p	f	ü	n	f	z	e	h	n	k	h	s
d	d	r	e	i	z	e	h	n	x	s	a	d

3. Kreise die vier Zahlwörter ein, die nicht zum Dreier-Einmaleins gehören.

5 MINUTEN

MATHEMATIK

Fülle das Zahlen-Einrad aus

Setze die richtigen Zahlen in die leeren Felder ein.

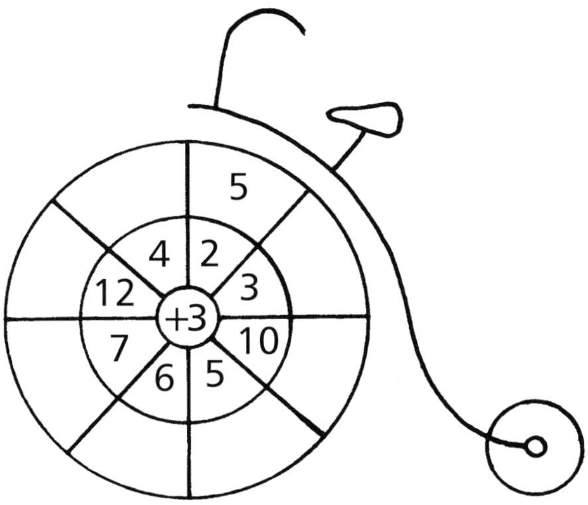

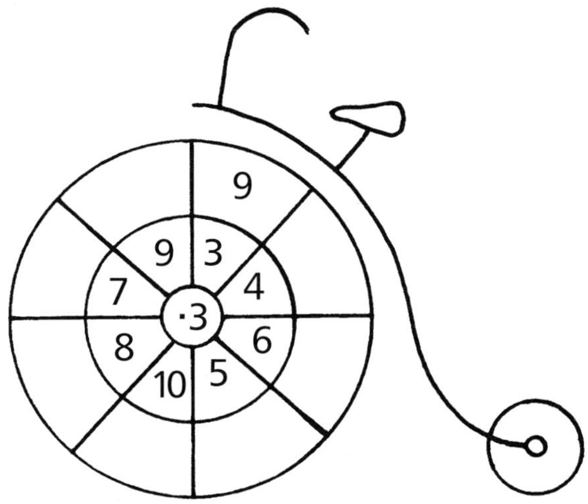

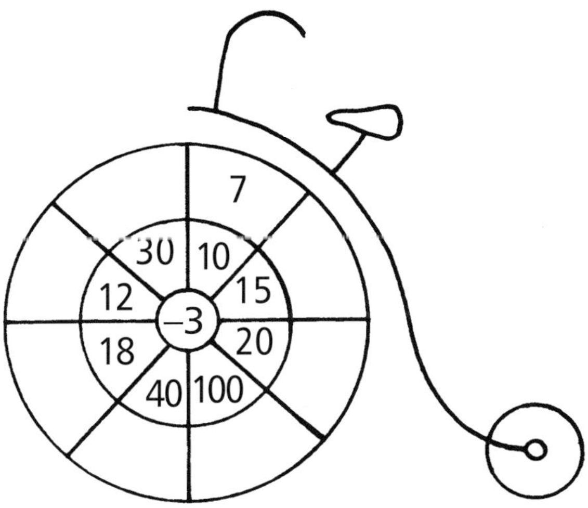

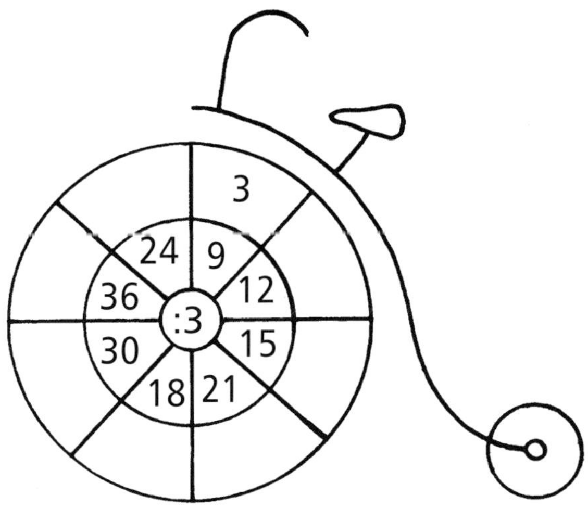

5 MINUTEN

Verwandle Buchstaben in Zahlen

Rechne die Ergebnisse der folgenden Rechnungen aus, wenn:

a für die Zahl 2 steht
b für die Zahl 5 steht
c für die Zahl 3 steht

$a + b + c =$	______	$(b + c) - a =$	______
$a \cdot b + c =$	______	$(a \cdot b) - c =$	______
$b + c : a =$	______	$a \cdot c - b =$	______
$a + b \cdot c =$	______	$(a + b) \cdot c =$	______
$a + b - c =$	______	$b + b + b + b =$	______
$a + (b \cdot c) =$	______	$b + b + c + c + a + a =$	______

5 MINUTEN

Welche Buchstaben bleiben übrig?

Streiche alle Buchstaben in den Kästchen durch, bei denen eine gerade Zahl steht. Verwende dann die übrig gebliebenen Buchstaben in jeder Reihe, um Wörter zu bilden, die zu den Erklärungen passen.

1.	A^{9}	E^{7}	S^{8}	Z^{3}	R^{5}	P^{4}	B^{7}	gestreiftes Tier ______
2.	N^{9}	A^{17}	A^{21}	S^{13}	M^{8}	A^{7}	N^{19}	Obstsorte ______
3.	E^{17}	X^{14}	B^{11}	T^{100}	E^{15}	S^{21}	N^{27}	damit kehrt man ______
4.	N^{9}	E^{21}	T^{12}	M^{40}	R^{25}	U^{65}	G^{73}	Farbe ______
5.	F^{86}	E^{71}	R^{59}	K^{38}	B^{97}	B^{11}	I^{65}	Nagetier ______
6.	U^{25}	A^{33}	P^{18}	Q^{23}	N^{52}	K^{101}	R^{49}	Milchprodukt ______

5 MINUTEN

Male den Einmaleins-Baum farbig

Male alle Zahlen aus dem **Vierer**-Einmaleins **blau** an.
Male alle Zahlen aus dem *Fünfer*-Einmaleins *rot* an.

16
15 8
5 25 32
28 12 30 4
10 36 35 24 45
50
55

5 MINUTEN

Wer hat welche Luftballons?

1. Zeichne die Schnur jedes Ballons zu der Person, die ihn hält.
2. Wie viele Luftballons hat jeder?

5 MINUTEN

Setze die fehlenden Zahlen ein

Weißt du, welche Zahlen in die leeren Kästchen gehören?

1	2	3
4	5	
7	8	9

2	4	6
8	10	12
	16	18

3		9
12	15	18
21	24	27

28	32	36
40	44	
52	56	60

1	6	11
16		26
31	36	41

2	4	8
16		64
128	256	512

5 MINUTEN

Welche Zahl bin ich?

Kennst du den Unterschied zwischen einer **Zahl** und einer *Ziffer*?
Wenn nicht, ist hier ein Beispiel für dich:
21 ist eine **Zahl**. Diese Zahl besteht aus den *Ziffern 2* und *1*.

1. Ich bin ungerade. Ich bin kleiner als 10. Ich bin die größte Ziffer, die es gibt. Ich bin ____.
2. Ich bin gerade und kleiner als 10. Ein Paar ist kleiner als ich. Du kannst mich an den Fingern einer Hand abzählen. Ich bin ____.
3. Ich bin eine ungerade Zahl zwischen 10 und 20. Wenn du meine Ziffern zusammenzählst, ergibt sich 8. Ich bin ____.
4. Ich bin größer als 10, aber kleiner als 20. Wenn du meine Ziffern zusammenzählst, ergibt sich 9. Ich bin ____.
5. Ich bin eine gerade Zahl zwischen 20 und 30. Ich bin durch 2, 4, 6 und 12 teilbar. Zusammengezählt ergeben meine Ziffern 6. Ich bin ____.

5 MINUTEN

Wie weit ist der Weg?

Diese drei Insekten sind auf dem Weg nach Hause.

1. Miss mit deinem Lineal die Wegstrecken aus, die sie zurücklegen müssen.
2. Wer von ihnen hat den weitesten Weg?
3. Schreibe die Entfernungen in Zentimetern oder Millimetern in die Kästchen.

Fülle das magische Quadrat aus

Ein magisches Quadrat besteht aus einer Reihe von Zahlen, die so angeordnet sind, dass sie senkrecht, waagrecht und diagonal* beim Zusammenzählen das gleiche Ergebnis haben. Ergänze die folgenden magischen Quadrate. Die Zahlen an den Seiten geben dir die Ergebnisse an.

*Diagonal ist eine Linie, die zwei gegenüberliegende Ecken miteinander verbindet.

9

4		5
	3	
		2

9

1	6	2
4		

9

1		
	2	5

12

		2
	4	
6	3	

12

7		1
		5

15

1		
6	7	

MATHEMATIK

Beantworte die Denkfragen

Lies dir die folgenden drei Aussagen gut durch, dann beantworte die Fragen dazu.

Nur Heike und Paul essen Bananen.

Nur Johanna und Heike essen Trauben.

Nur Paul und Johanna essen Äpfel.

1. Wer isst Bananen **und** Trauben? ________________
2. Wer isst Trauben **und** Äpfel? ________________
3. Wer isst Äpfel, aber keine Trauben? ________________
4. Was isst Johanna, aber Heike nicht? ________________
5. Was isst Paul, aber Heike nicht? ________________

5 MINUTEN

Entschlüssle die Codewörter

a	b	c	d	e	f	g	h	i	j	k	l	m	n	o	p
10	20	30	40	50	5	6	8	7	9	14	15	16	18	12	21

q	r	s	t	u	v	w	x	y	z
22	25	28	35	60	70	100	3	44	48

Mit Hilfe des obigen Codes, also der Rechenergebnisse, bekommst du heraus, wie die acht Wörter lauten. Schreibe sie auf.

1. $5 \cdot 5 \quad 4 \cdot 3 \quad 3 \cdot 5 \quad 5 \cdot 3 \quad 5 \cdot 10 \quad 5 \cdot 5$ ________________
2. $3 \cdot 7 \quad 5 \cdot 2 \quad 3 \cdot 5 \quad 8 \cdot 2 \quad 2 \cdot 25$ ________________
3. $4+2 \quad 35+25 \quad 12+4 \quad 9+7 \quad 2+5$ ________________
4. $31-11 \quad 24-14 \quad 28-3 \quad 33-5 \quad 42-12 \quad 15-7$ ________________
5. $19+9 \quad 11+1 \quad 4+26 \quad 8+6 \quad 31+19$ ________________
6. $1 \cdot 6 \quad 5 \cdot 2 \quad 5 \cdot 5 \quad 7 \cdot 5 \quad 25 \cdot 2 \quad 3 \cdot 6$ ________________
7. $5 \cdot 20 \quad 2 \cdot 5 \quad 2 \cdot 15 \quad 4 \cdot 2 \quad 7 \cdot 4$ ________________
8. $8 \cdot 6 \quad 2 \cdot 5 \quad 15 \cdot 4 \quad 2 \cdot 10 \quad 10 \cdot 5 \quad 1 \cdot 25$ ________________

5 MINUTEN

Kannst du schnell rechnen?

Rechne die Aufgaben so schnell du kannst. Achte trotzdem darauf, möglichst viele richtig zu lösen.

1. 8 + 3 + 4 = ☐
2. 1/2 von 20 = ☐
3. 2 · 5 = ☐
4. 7 · 2 + 5 = ☐
5. 20 – 2 – 2 = ☐
6. 11 + 5 + 4 = ☐
7. 6 verdoppelt = ☐
8. 2 · 4 + 7 = ☐
9. 5 · 4 – 3 = ☐
10. Wie viele Tage haben zwei Wochen? ☐
11. 10 · ___ = 100
12. € 1,65 sind wie viele Cent? ☐
13. 8 mehr als 16 = ☐
14. 7 weniger von 16 = ☐
15. 40 – 4 – 4 = ☐
16. 2 · 20 + 10 =
17. alle ungeraden Zahlen zwischen 10 und 20 ____________
18. einhundert-undneun in Zahlen: ____________

Löse das Zahlenrätsel

Schreibe die richtigen Zahlen in die Felder. Verwende einen Taschenrechner, falls notwendig.

1	2		■
3		■	4
5			
	■	■	

waagrecht

1. 90 + 90 = ____
3. 22 + 22 = ____
5. 2000 + 300 + 30 + 1 = ____

senkrecht

1. 1000 + 400 + 21 + 0 = _____
2. 500 + 343 = ___
4. 100 + 10 + 1 = ___

Schreibe die Preisliste

Wenn a = 5 ct, e = 10 ct, i = 15 ct, o = 20 ct, u = 30 ct und wenn jeder Mitlaut 50 ct wert ist, wie viel kostet dann jedes einzelne Lebensmittel?

Beispiel: Obst = 20 ct + 50 ct + 50 ct + 50 ct = € 1,70

Ei	______	Brot	______
Mehl	______	Essig	______
Butter	______	Fleisch	______
Milch	______	Reis	______

Was kommt heraus?

Fange in jeder Spalte mit der angegebenen Zahl an und rechne dann nach Anweisung, um die letzte Zahl herauszufinden.

1.		2.		3.	
Beginne mit 3		Beginne mit 10		Beginne mit 8	
↓ erst verdoppeln	☐	↓ zuerst halbieren	☐	↓ erst verdoppeln	☐
↓ vier dazuzählen	☐	↓ mit 3 malnehmen	☐	↓ 20 dazuzählen	☐
↓ nun verdoppeln	☐	↓ nun verdoppeln	☐	↓ 5 abziehen	☐
↓ 10 dazuzählen	☐	↓ 20 dazuzählen	☐	↓ nun verdoppeln	☐
↓ 5 abziehen	☐	↓ 30 dazuzählen	☐	↓ 8 dazuzählen	☐
↓ … und heraus kommt:	☐	↓ 20 dazuzählen	☐	↓ dann verdoppeln	☐
		↓ … und heraus kommt:	☐	↓ … und heraus kommt:	☐

Wie setzt sich die Klasse zusammen?

Lies zuerst sorgfältig den folgenden Text und beantworte dann die Fragen.
In meiner Klasse gibt es 20 Schüler, zwölf davon sind älter als 9 Jahre.
Insgesamt sind 12 Schüler Jungen, von denen 5 älter als 9 Jahre sind.

1. Wie viele Mädchen sind älter als 9 Jahre? ______
2. Wie viele Mädchen sind jünger als 9 Jahre? ______
3. Wie viele Jungen sind älter als 9 Jahre? ______
4. Wie viele Jungen sind jünger als 9 Jahre? ______
5. Wie viele Mädchen gibt es in der Klasse? ______
6. Um wie viel mehr Jungen als Mädchen gibt es in der Klasse? ______

Welche Früchte verstecken sich hier?

Nimm die Zahl über jedem Kästchen mal 3. Mit deinen Ergebnissen und dem Codeschlüssel kannst du die versteckten Früchte finden.

21	24	30	33	39	6	27	12	18	9	15	36
A	B	E	G	H	I	M	N	O	R	T	Z

1. 8 2 3 4 10 — □ □ □ □ □
2. 13 2 9 8 10 10 3 10 — □ □ □ □ □ □ □ □
3. 9 7 4 11 6 — □ □ □ □ □
4. 8 7 4 7 4 10 — □ □ □ □ □ □
5. 6 3 7 4 11 10 — □ □ □ □ □ □
6. 12 2 5 3 6 4 10 — □ □ □ □ □ □ □

5 MINUTEN

Wohin gehören die Fahnen?

1. Schreibe die Ergebnisse der Rechnungen in die Fahnen.
2. Suche für jede Fahne eine Fahnenstange mit einer Aufgabe, die die gleiche Lösung ergibt.
3. Zeichne an jede Fahnenstange die richtige Fahne. Schau dir zuerst das Beispiel an.

3·4=___ 10·2=___ 6·5=___ 6·3=___

4·4=___ 8·5=___ 8·3=___ 10·5=___

6·5=30

10·3 2·20 5·4 2·9 2·6 2·12 2·25 2·8

5 MINUTEN

MATHEMATIK

MATHEMATIK

Wer ist am schwersten beladen?

Welcher Lastwagen in jeder Reihe hat die schwerste Ladung?

Rechne die beiden Aufgaben in jedem Lastwagen aus und zähle die Ergebnisse zusammen. Male den am schwersten beladenen Laster in jeder Reihe farbig an.

Hier ist ein Beispiel, wie es gemacht wird:

$6 + 3 = 9$

$2 \cdot 4 = 8$

$9 + 8 = 17$

1. a.

b.

c.

2. a.

b.

c.

3. a.

b.

c.

4. a.

b.

c.

5 MINUTEN

Löse das Zahlenquiz

Male in jedem Zahlenrad die beiden Felder mit den Zahlen, die zusammengezählt die Zahl in der Mitte ergeben, rot an.

Wie schnell schaffst du es?

1.

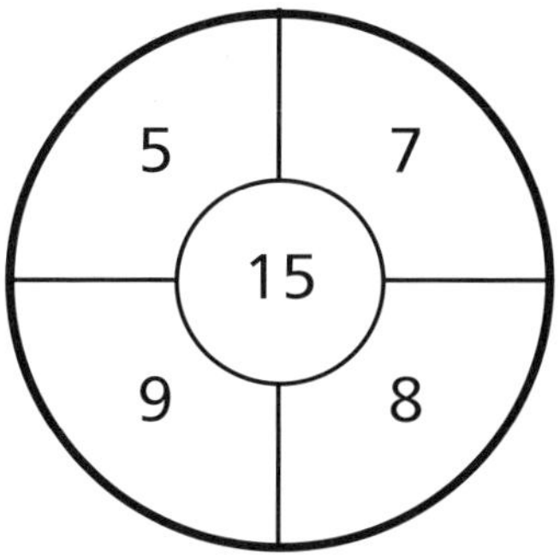

2.

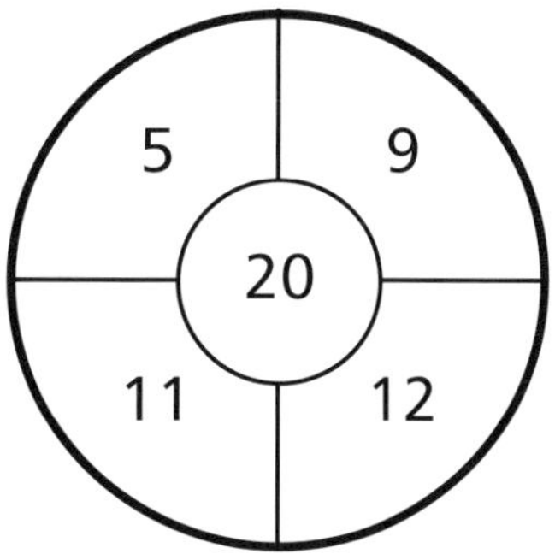

3.

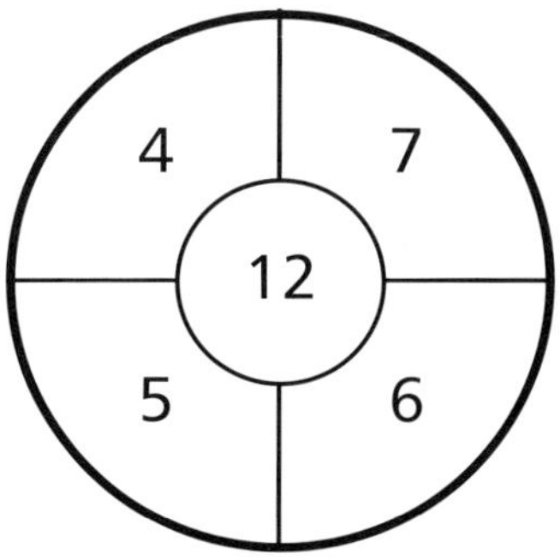

4.

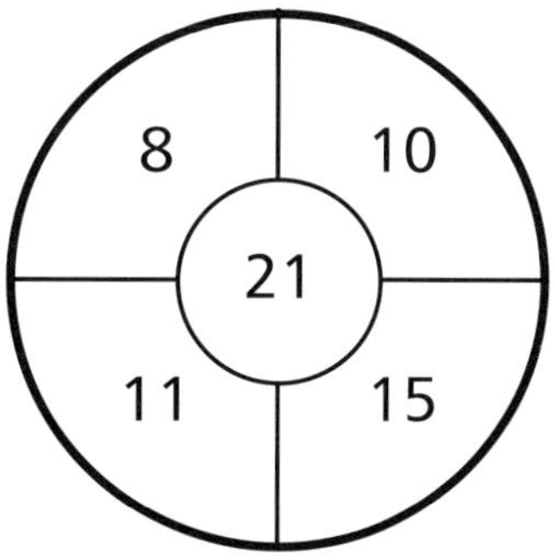

5.

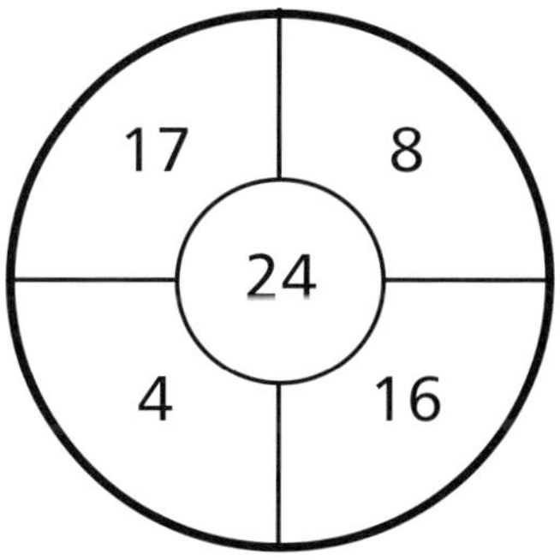

6.

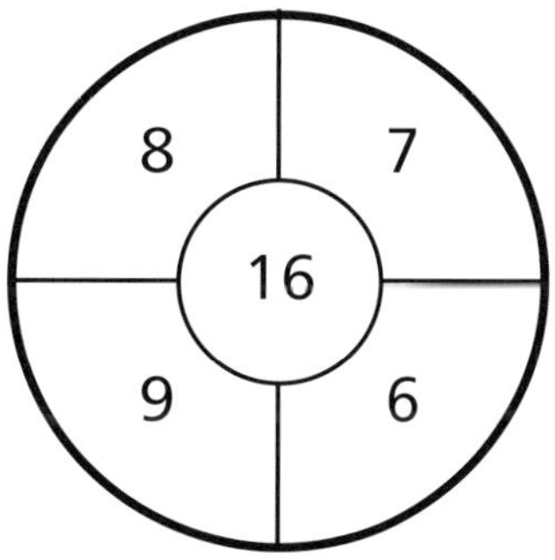

7.

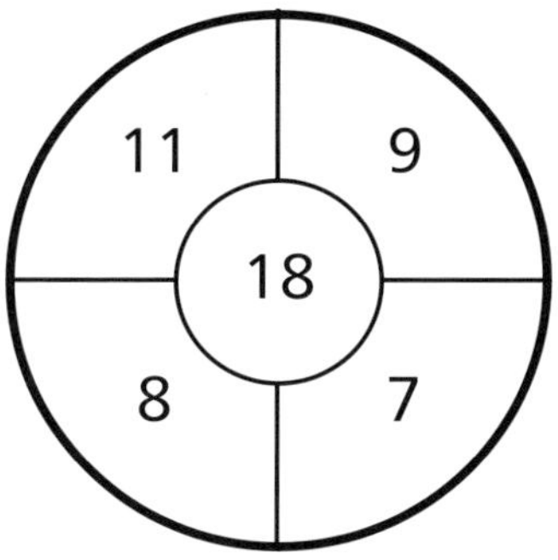

8.

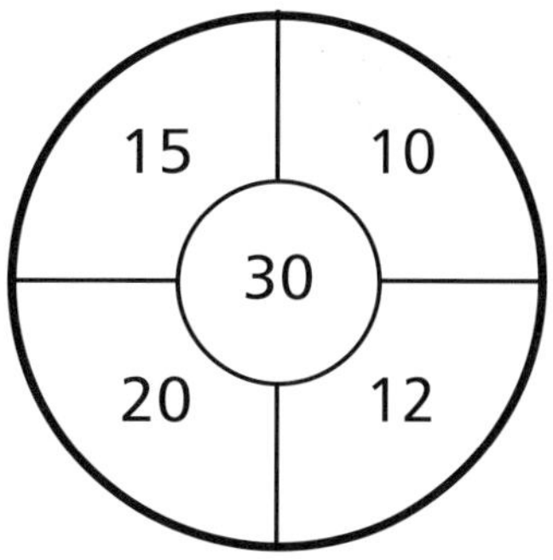

5 MINUTEN

MATHEMATIK

Welche Farbe für welches Kästchen?

Löse die Rechenaufgaben und male dann die entsprechenden Kästchen nach Anweisung aus.

gelb das Doppelte von 9 = ___

rot die Hälfte von 24 = ___

rosa 8 + 10 + 8 = ___

braun 40 – 5 = ___

grün 2 · 10 + 13 = ___

dunkelblau 20 : 2 + 15 : 5 = ___

schwarz 2 · 4 · 3 = ___

hellblau die Zahl, die um 8 größer ist als 17 = ___

1	2	3	4	5	6
7	8	9	10	11	12
13	14	15	16	17	18
19	20	21	22	23	24
25	26	27	28	29	30
31	32	33	34	35	36

5 MINUTEN

Zähle zusammen

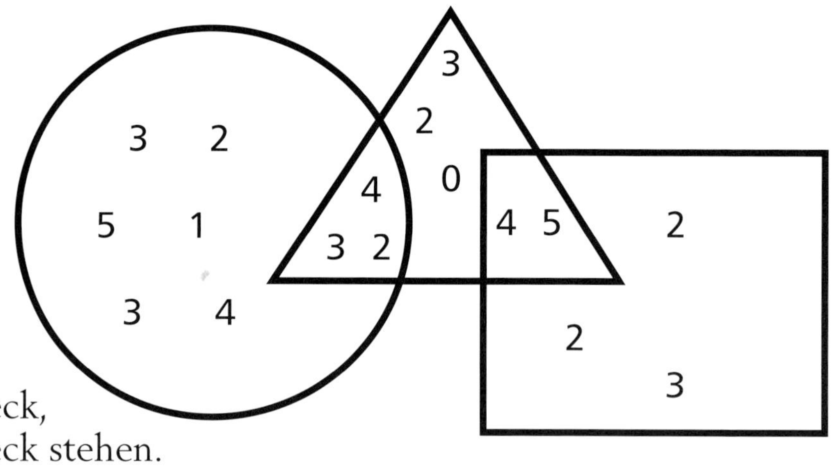

1. Zähle alle Zahlen zusammen, die im Viereck, aber in keiner anderen Figur stehen.
2. Zähle alle Zahlen zusammen, die im Kreis **und** im Dreieck, aber nicht im Viereck stehen.
3. Zähle alle Zahlen zusammen, die nur im Dreieck, aber in keiner anderen Figur stehen.
4. Zähle alle Zahlen in allen Figuren zusammen.

5 MINUTEN

Welche Raumschiffe bleiben übrig?

David hat in seinem Computerspiel vier Raumschiffe abgeschossen. Er hatte damit die Gesamtpunktzahl 25. Kreise die abgeschossenen Raumschiffe ein.

5 MINUTEN

Suche die beiden Pfade

Gehe in Dreierschritten bis 60 und male diesen Zahlenpfad rot an.

Dann fange bei 4 an und gehe in Viererschritten bis 60. Diesen Pfad malst du blau an.

Hier beginnt der blaue Pfad. ↓ (Spalte 4) Hier beginnt der rote Pfad. ↓ (Spalte 9)

7	9	11	4	3	9	12	7	3	9	18	11	14
12	13	14	6	8	12	8	6	63	6	17	21	20
8	3	7	5	9	16	5	4	36	16	9	19	18
5	11	8	7	6	20	3	2	81	17	11	12	3
60	4	32	28	24	33	2	1	64	18	15	16	1
56	3	36	9	16	94	30	27	24	21	53	61	60
52	12	40	44	18	68	33	10	7	45	48	97	57
62	48	44	71	51	13	36	39	42	61	65	51	54

5 MINUTEN

MATHEMATIK

Zähle die Quadrate

Wie viele Quadrate kannst du insgesamt in dieser Figur entdecken?

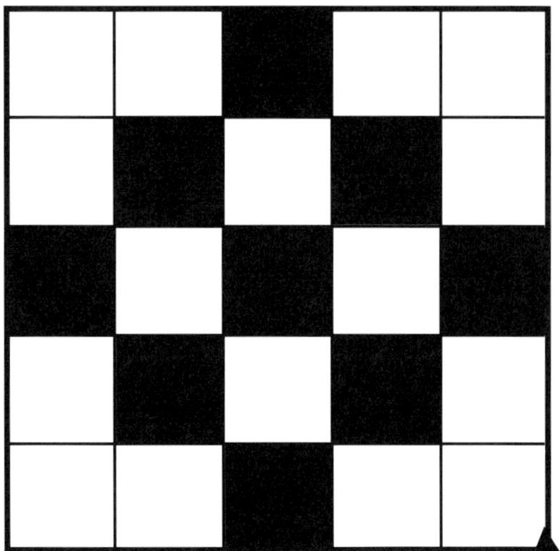

2 MINUTEN

Zähle die Rechtecke

Wie viele Rechtecke findest du in dieser Figur?

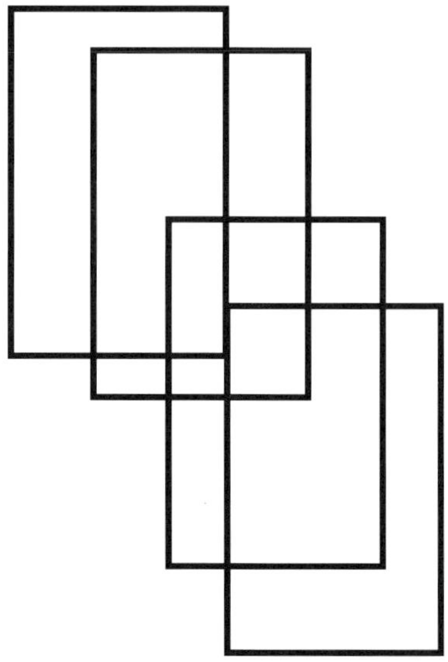

2 MINUTEN

Was ergibt vierzehn?

8	7	7	10	5	9
4	6	2	1	13	3
11	3	8	6	1	11
9	5	1	7	4	5
6	8	12	2	10	9

Male alle Zahlenpaare farbig an, die sich irgendwo berühren und zusammengezählt **14** ergeben.

Schau dir zuerst das Beispiel an.

10 MINUTEN

Zähle die Würfel

Aus wie vielen Würfeln besteht diese Figur insgesamt?

5 MINUTEN

Zähle die Dreiecke

Wie viele Dreiecke entdeckst du in dieser Figur?

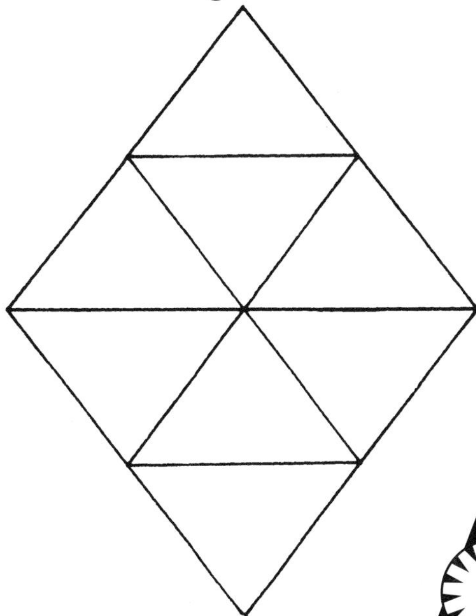

5 MINUTEN

Welche Felder ergeben 12 oder 20?

Male die Felder, in denen die Rechnungen **20** ergeben, **gelb** aus.
Male die Felder, in denen die Rechnungen *12* ergeben, *grün* aus.

6 · 2	16 + 4	24 : 2	12 + 8
40 : 2	7 + 5	40 – 10 – 10	5 · 4
6 + 6	18 – 6	4 · 5	24 – 6 – 6
10 · 2	20 – 8	3 + 9	6 · 3 – 6
15 – 3	18 + 2	28 – 4 – 4	11 + 9

5 MINUTEN

Ergänze die fehlenden Zahlen

Schreibe die fehlenden Zahlen in die leeren Kästchen, damit die Rechenaufgabe komplett wird.

$2 \cdot 4 + \square = 10$	$20 : 5 + \square = 8$
$10 - \square - 4 = 4$	$16 - 3 - \square = 5$
$4 + 8 + \square = 16$	$13 + \square + 5 = 20$
$3 \cdot \square + 4 = 13$	$20 - 10 - \square = 4$
$5 \cdot 3 - \square = 12$	$16 : \square + 3 = 7$
$10 \cdot \square + 5 = 25$	$5 \cdot \square + 0 = 20$

5 MINUTEN

Beantworte die Fragen

Schau dir die Zahlen im Rahmen genau an, dann beantworte alle Fragen dazu.

481	563	291	692	123	39	365

1. Welche dieser Zahlen ist die größte? ___
2. Welche ist die kleinste?___
3. Wie lautet die einzige gerade Zahl? ___
4. Welche Zahl würde 300 ergeben, wenn man 9 dazuzählte? ___
5. Was ist die größte unter den ungeraden Zahlen? ___
6. Welche beiden Zahlen bestehen aus den gleichen Ziffern, nur in verschiedener Reihenfolge? ___
7. Schreibe alle Zahlen, angefangen mit der größten bis hin zur kleinsten, der Reihe nach hier auf:

____

10 MINUTEN

Zähle die Würfelwerte zusammen

Wenn □ = 3, welchen Wert ergeben dann die fünf folgenden Figuren?
Am Beispiel erkennst du, wie du es machen kannst.

a)
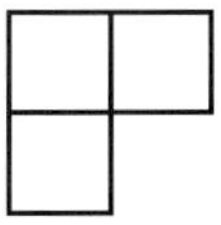
3 + 3 + 3 = 9

b)
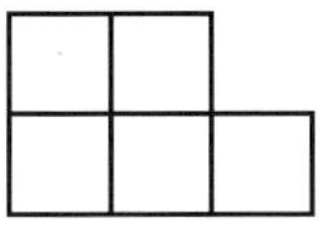

c)
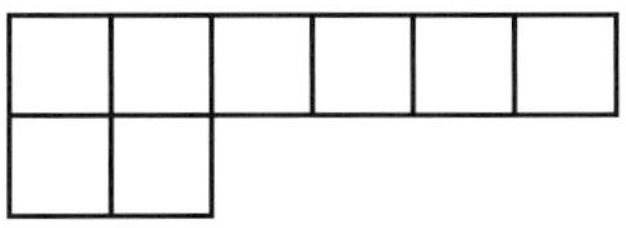

d)
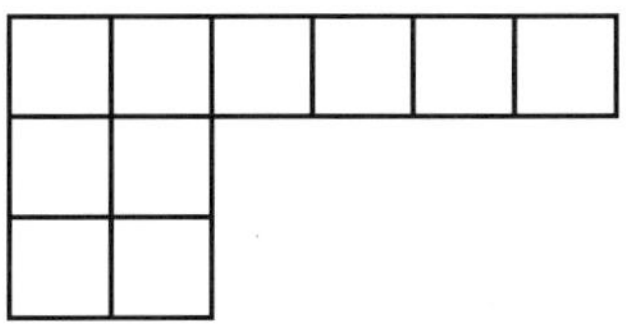

e)
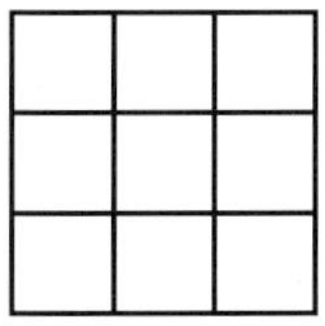

f)
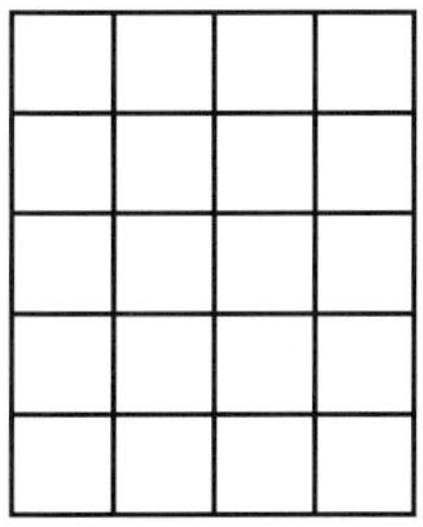

Rechne den Wert aus

Du siehst hier sechs Diagramme.
Ein Diagramm stellt Zahlenwerte zeichnerisch dar.

In diesen Diagrammen entspricht:

– jede **gerade** Linie **10 Cent**

– jeder *Kreis 20 Cent*

und

– jeder schwarze Punkt 5 Cent.

Wie viel würde jedes Diagramm kosten?

1.

3.
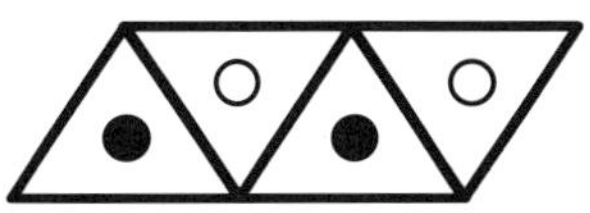

2.

4.
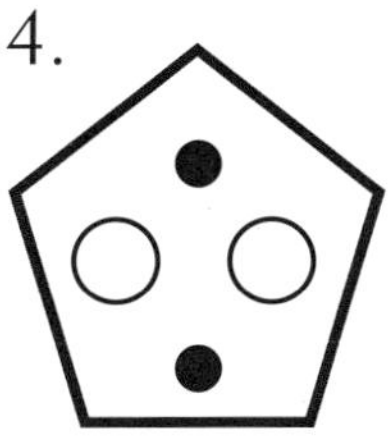

5.
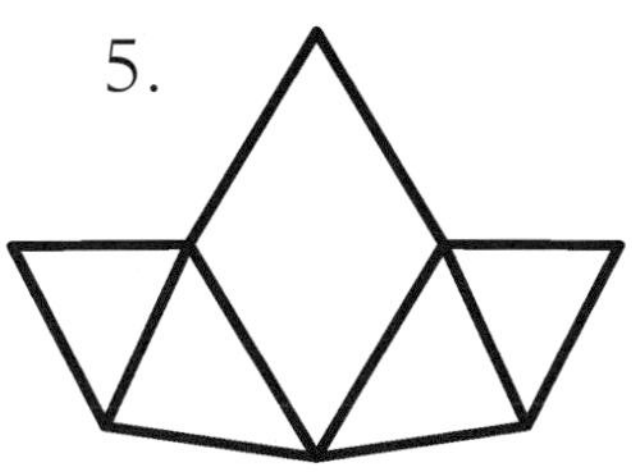

6.
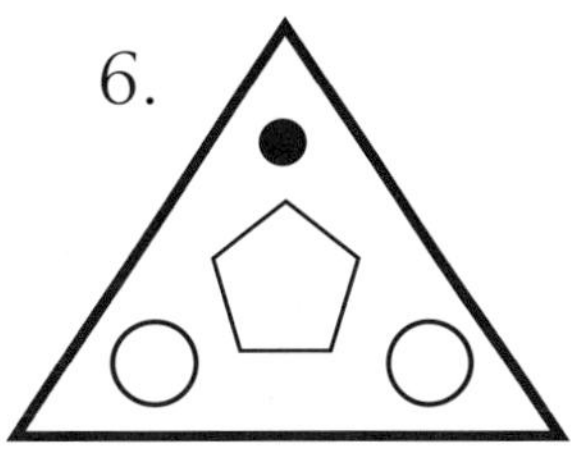

MATHEMATIK

Erkenne das Verhältnis

Überlege dir, in welchem Verhältnis jeweils die ersten beiden Zahlen einer Reihe zueinander stehen.
Welche Zahl muss dann in den leeren Kästchen stehen, damit die zweiten Zahlenpaare im gleichen Verhältnis zueinander stehen wie die ersten?
Kreise die richtige Zahl ein und schreibe sie in das Kästchen.
Schau dir zuerst das Beispiel an.

1.	5	verhält sich zu	10	wie 4 zu	8	.	(3 (8) 4 2)
2.	3	verhält sich zu	5	wie 7 zu		.	(6 5 0 9)
3.	4	verhält sich zu	7	wie 3 zu		.	(3 6 9 5)
4.	3	verhält sich zu	8	wie 5 zu		.	(7 10 12 6)
5.	10	verhält sich zu	20	wie 8 zu		.	(14 16 12 9)
6.	10	verhält sich zu	7	wie 6 zu		.	(4 3 8 5)

5 MINUTEN

Wer hat welche Fische gefangen?

Alex hat die Fische gefangen, in denen eine Rechnung mit **ungeradem** Ergebnis steht.
Nina hat die Fische gefangen, in denen eine Rechnung mit *geradem* Ergebnis steht.
Male *Ninas* Fische *blau* und **Alex'** Fische **rot** an.

5 MINUTEN

Ordne Buchstaben und Zahlen zu

In den Kästchen steht unter jedem Buchstaben die dazugehörige Zahl.

T	B	S	H	U	N	E	O	I	A	D
5	10	3	7	6	1	4	9	8	2	0

1. Zu welcher Zahl gehört der fünfte Buchstabe der Reihe? ___
2. Welcher Wert ergibt sich, wenn man die Zahlen aller Selbstlaute zusammenzählt? ___
3. Welchem Zahlenwert entsprechen die Buchstaben des Wortes BOHNE? ___
4. Welche Zahl gehört zum mittleren Buchstaben der Reihe? ___
5. Rechne aus, welchen Zahlenwert die Mitlaute haben und zieh diese Zahl vom Wert der Selbstlaute ab. _____
6. Welche Worte ergeben sich aus den Zahlen im Kasten rechts?

a	7	6	1	0
b	10	4	8	1
c	7	2	6	5
d	1	4	9	1

Welche Felder werden farbig?

Male nur die Felder farbig aus, in denen eine richtige Lösung steht.

11 + 4 = 16	4 + 8 + 3 – 15	17 + 4 = 22	3 · 6 2 = 16
6 + 8 + 9 = 23	20 : 5 = 4	11 + 11 + 4 = 26	10 : 2 + 11 = 16
3 · 2 + 9 = 15	15 – 3 = 10	30 – 2 – 2 = 26	5 · 5 = 26
12 – 7 = 3	8 + 3 + 7 = 18	10 · 2 + 10 = 30	14 + 6 + 8 = 28
20 – 3 – 6 = 11	18 – 2 – 5 = 13	99 + 2 = 104	28 – 3 – 3 = 22
19 – 6 = 14	9 + 11 + 5 = 25	3 · 2 · 2 = 12	10 · 10 + 10 = 110

MATHEMATIK

Entwirf eigene Muster

Male die drei Raster so aus, dass Muster dabei entstehen. Überlege dir vorher gut, wie du sie gestalten willst und achte darauf, nicht die gleichen Muster zu entwerfen wie deine Mitschüler. Ein Bild ist schon angefangen, um dir eine Anregung zu geben.

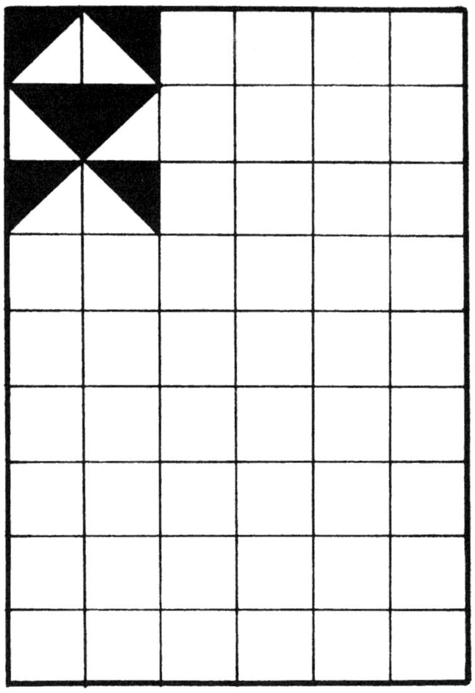

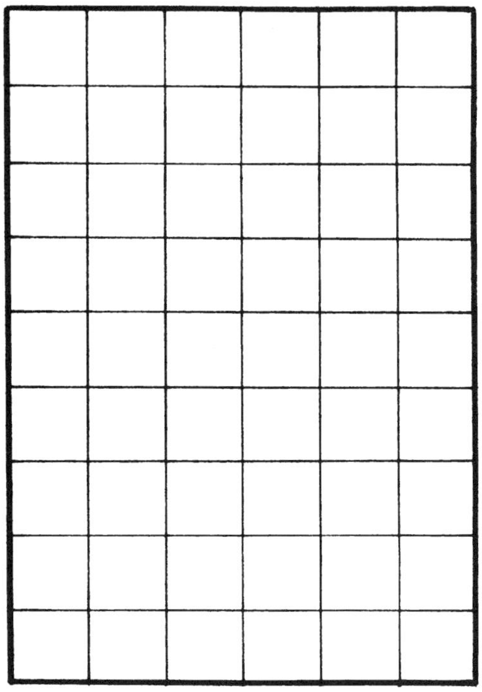

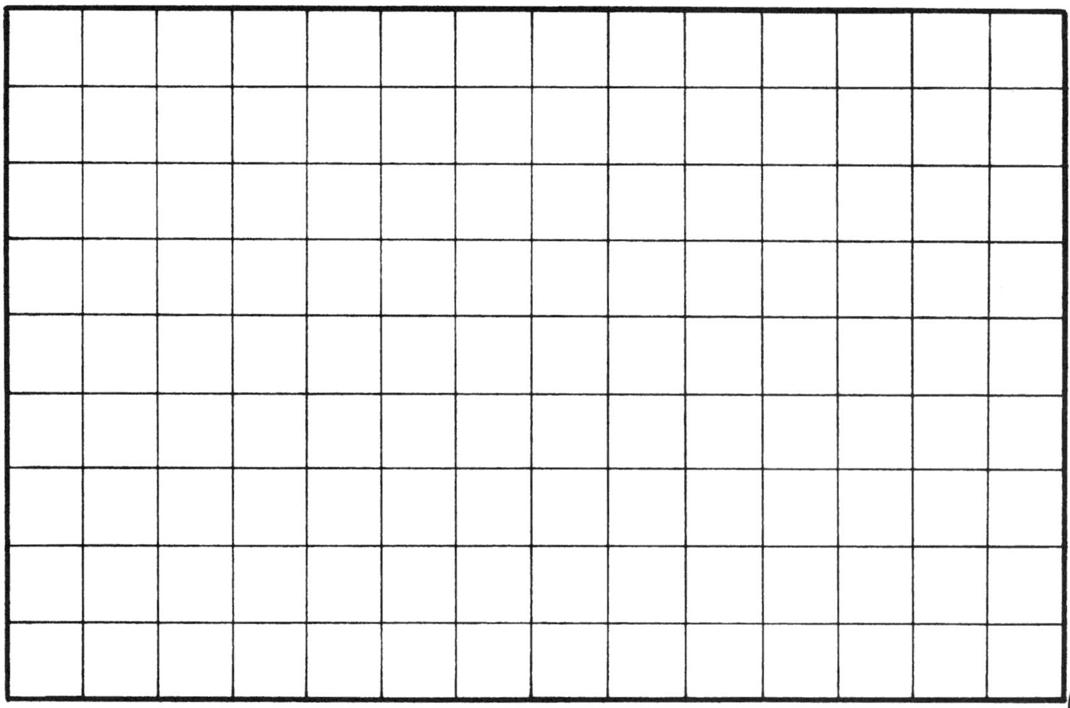

15 MINUTEN

Überlege und male aus

Male die Zeichnung mit nur vier Farben aus. Plane die Farbverteilung so, dass nirgends zwei Felder der gleichen Farbe aneinander stoßen.

10 Minuten

Male das Raster aus

Male das Raster nach deinen Vorstellungen so aus, dass ein hübsches Muster entsteht.

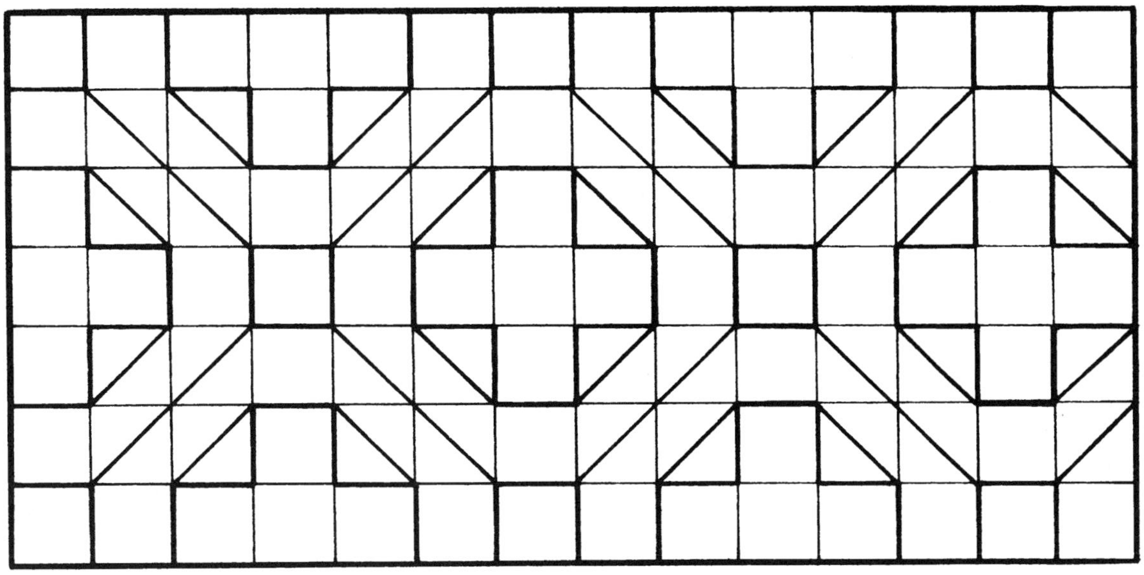

15 Minuten

LOGISCHES DENKEN

Welche Linien fehlen?

Schau dir die beiden fast gleichen Bilder genau an. Im zweiten Bild fehlen sechs Linien.

Zeichne sie dort mit dem Lineal ein. Dann male beide Bilder farbig an.

10 MINUTEN

Ordne die Bildhälften zu

Wo ist jeweils die zweite Hälfte eines Schattenrisses? Alle von 1 bis 5 nummerierten Bildhälften gehören zu den mit A bis E bezeichneten Gegenstücken.

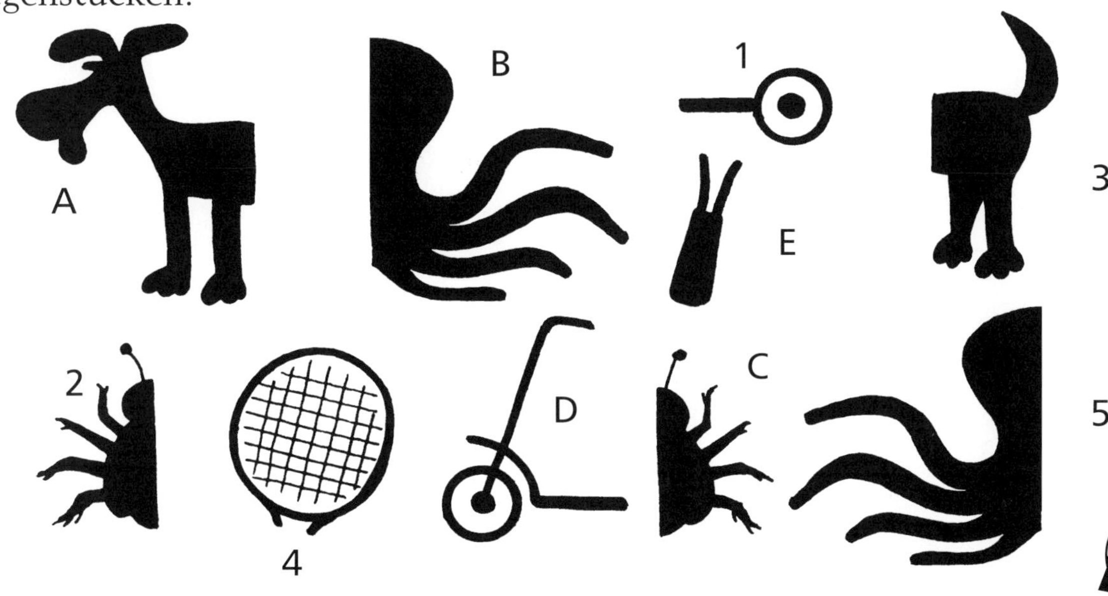

Teste dein Gedächtnis

Betrachte die zehn abgebildeten Gegenstände genau. Nimm dir zwei Minuten Zeit, dann decke das Bild zu und schreibe alle Dinge auf, an die du dich noch erinnern kannst.

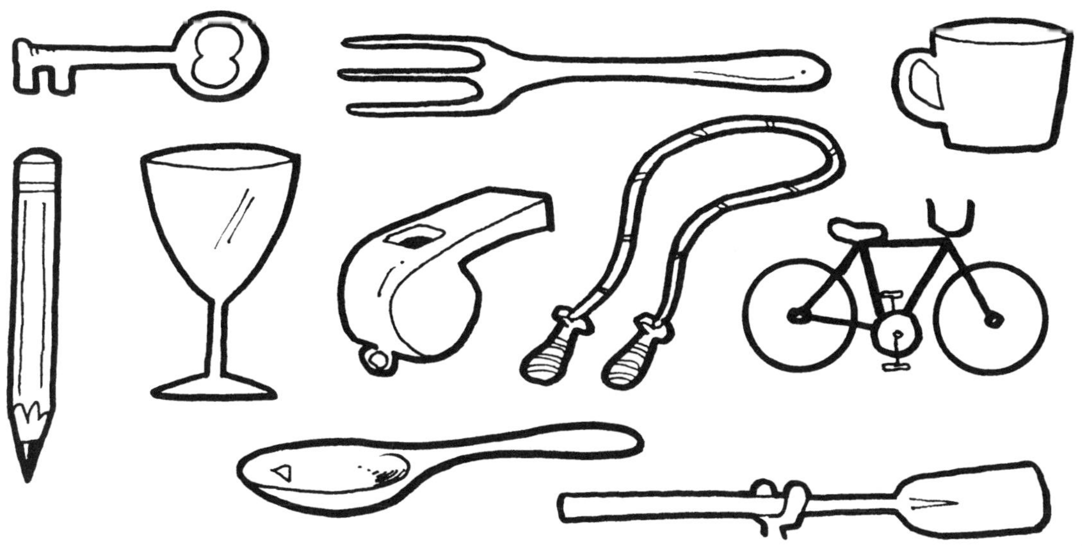

Gestalte ein Kreismuster

Folge den Anweisungen Schritt für Schritt, um ein sehr dekoratives Muster zu bekommen.

- Ziehe mit dem Lineal eine Linie von 1 zu jeder anderen Zahl im Kreis.
- Mache dasselbe von 2 aus, dann von 3 und so weiter.

Verwende ein scharfkantiges Lineal, am besten aus Metall.

Die erste Linie wurde schon für dich eingezeichnet.

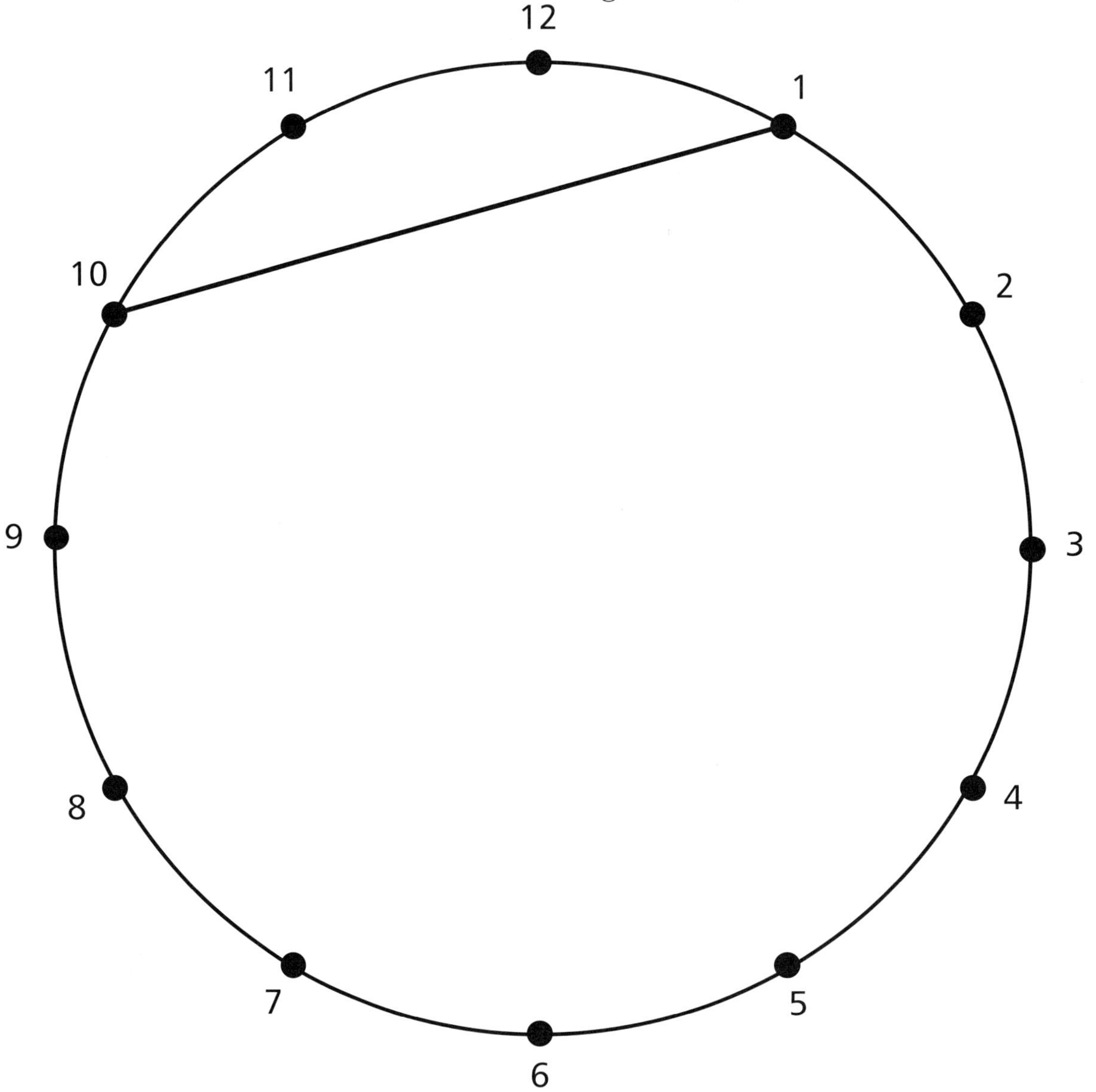

10 MINUTEN

LOGISCHES DENKEN

Vergrößere die Zeichnung

Schau dir die Zeichnung im engmaschigen Raster an. Kannst du sie auf das größere Raster übertragen? Die Kästchen sind dabei eine gute Hilfe. Wenn du fertig bist, male dein Bild farbig an.

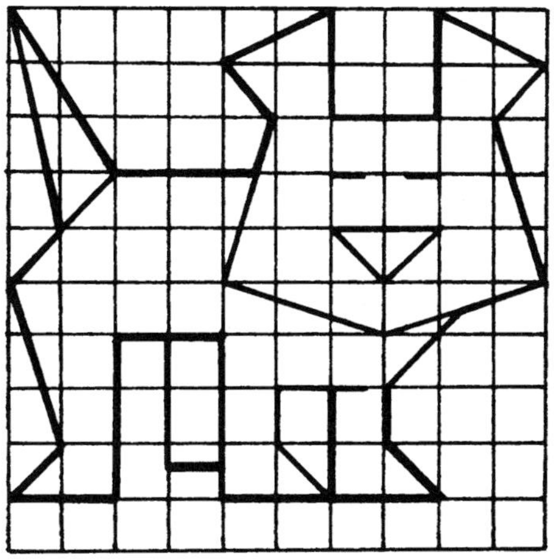

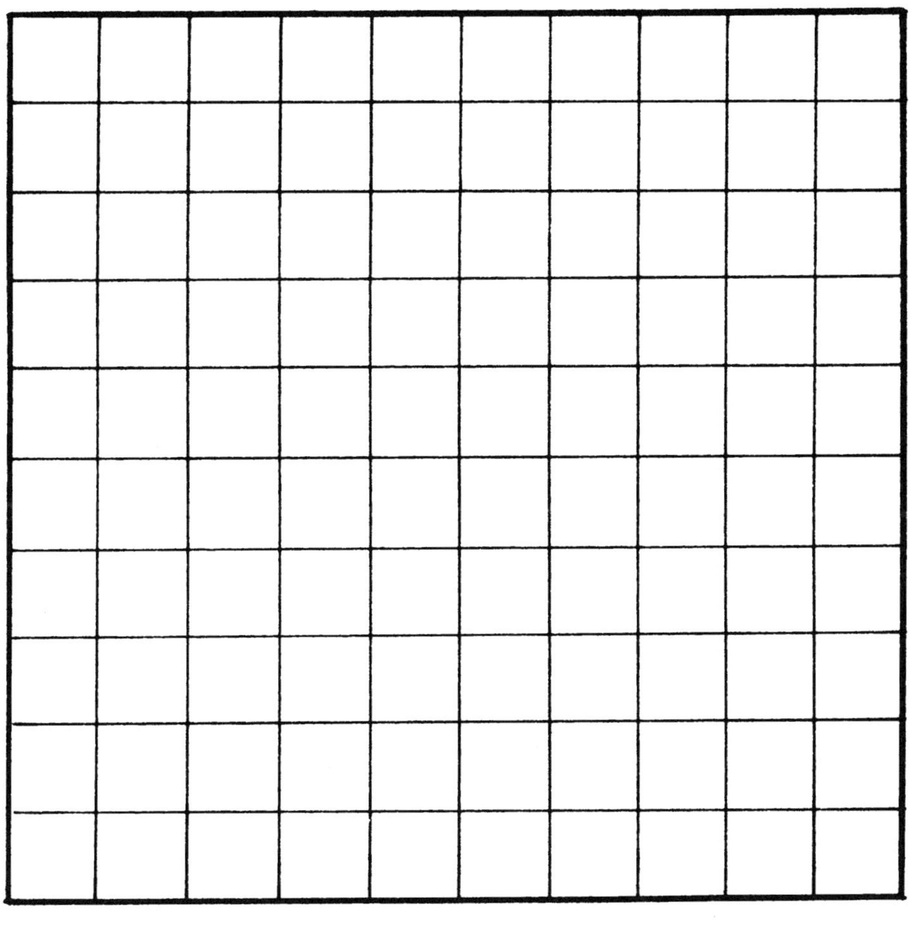

5 MINUTEN

Setze das Puzzle zusammen

Schneide die viereckigen Bildteile aus und lege sie so in die oberen leeren Felder, dass das Bild eines Vogels entsteht. Klebe nun das Bild auf und male es farbig aus.

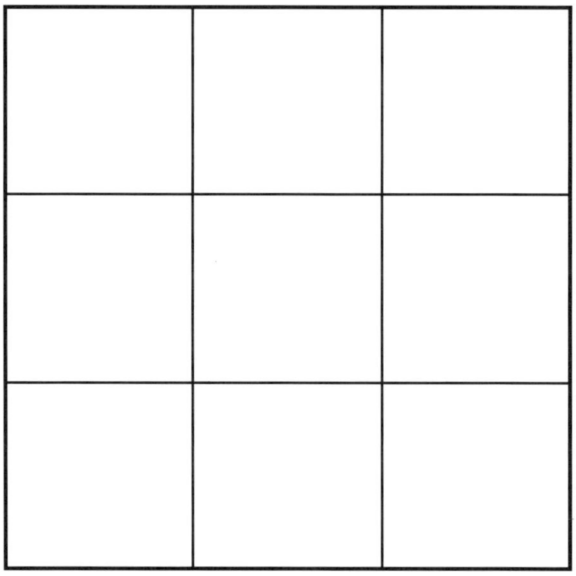

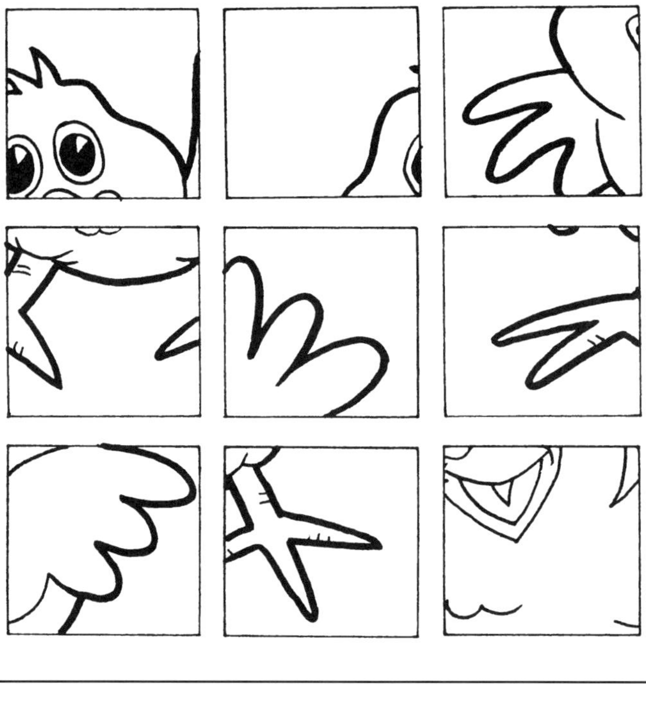

10 MINUTEN

Wo liegt der Unterschied?

Betrachte jede Bilderreihe genau. Dann kreise dasjenige kleine Bild ein, das sich von den anderen unterscheidet.

10 MINUTEN

Wo ist die ganze Dampflok?

In den Bildern A, B und C sind die Teile der Lok ziemlich durcheinander gewirbelt. Welche der drei Abbildungen zeigt alle Teile?

5 MINUTEN

Wie bekommst du ein Quadrat?

Wenn du diese Figur mit einer geraden Linie in zwei Teile trennst und diese Teile ausschneidest, kannst du sie so zusammenlegen, dass sie ein Quadrat ergeben.

Wie funktioniert das?

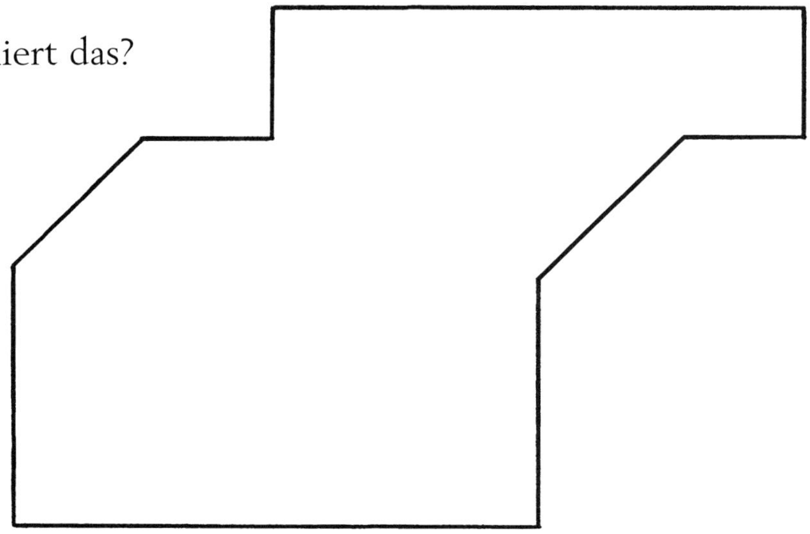

5 MINUTEN

Entschlüssle den Zeichencode

Möchtest du ein bisschen Englisch lernen? Wenn du die Zeichen in Buchstaben übersetzt, lernst du zwei englische Sprichwörter. Hier zuerst die deutsche Übersetzung:

1. Ein Nadelstich zur rechten Zeit spart neun weitere.
2. Ein Vogel in der Hand ist so viel wert wie zwei im Gebüsch.
   (Kennst du ein ähnliches deutsches Sprichwort?

____)

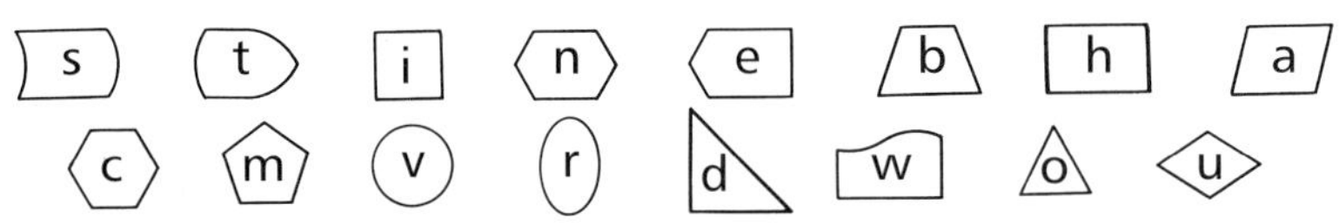

1. 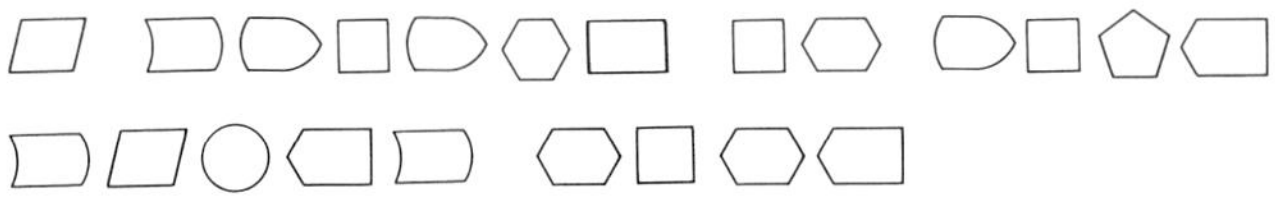

2. 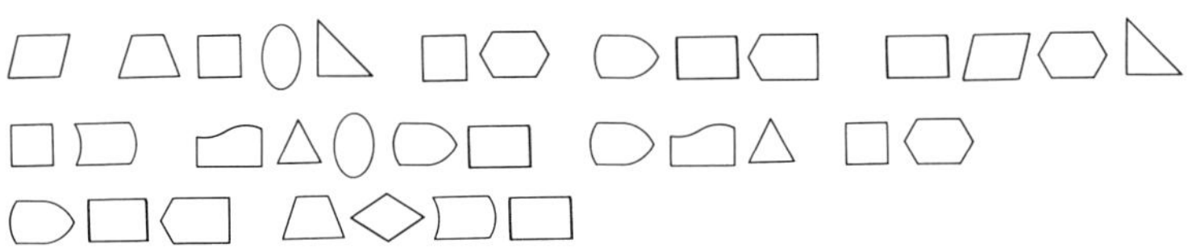

10 MINUTEN

Meisterst du den (Verw)Irrgarten?

Suche den richtigen Weg durch den Irrgarten. Folge zuerst mit Hilfe eines Lineals dem Weg, dann male ihn mit kräftigen Farben an. Den Rest kannst du anders anmalen.
Übrigens kannst du dir die Sache dadurch erleichtern, dass du zuerst alle „Irrwege" farbig markierst.

Welches Puzzleteil passt?

Kreise das richtige Teil ein.

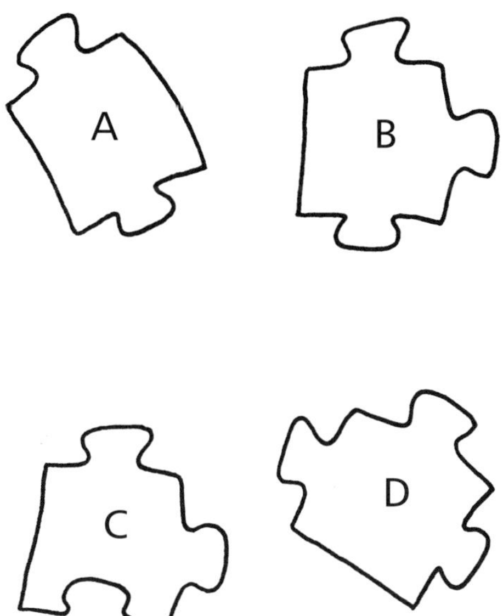

Male die Dreiecke aus

Male alle Dreiecke in dieser Zeichnung nach deinen Vorstellungen farbig aus, sodass sich ein Muster ergibt. Es geht hier nicht um „falsch" oder „richtig".

10 MINUTEN

Male das Muster fertig

Male an dem Bild weiter, indem du die Masken so anordnest wie gezeigt.

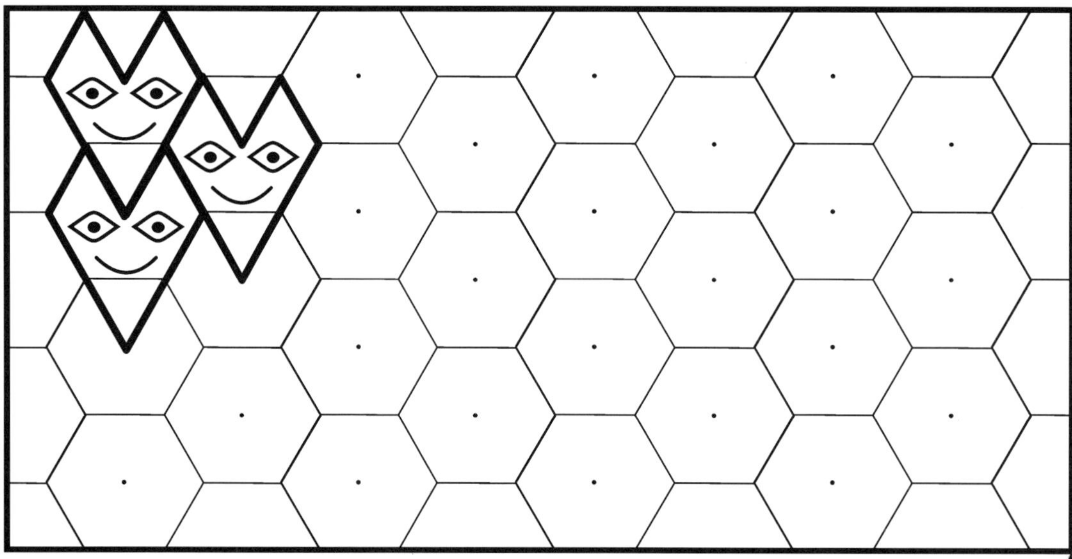

10 MINUTEN

LOGISCHES DENKEN

Erkennst du die Tiere?

Bringe die Buchstaben aller Wörter in diesem Rahmen in die richtige Reihenfolge und ordne dann die Tiernamen, die herauskommen, den entsprechenden Schattenbildern zu.

RHISCH	SEHA	SCHUF	BREBI	SCHWINEWIDL
GILE	RADLE	SUMA	SEILEW	

5 MINUTEN

LOGISCHES DENKEN

Finde die Fehler

In jedem Bild steckt ein Fehler. Kreise ihn ein.

5 MINUTEN

Bestimme den Blickwinkel

Blickst du seitlich durch die Röhre oder schaust du von oben in sie hinein? Versuche einen der beiden verschiedenen Blickwinkel durch die Verwendung von Farben herauszuarbeiten. Nun kannst du auf einem Extra-Blatt selbst einen optischen Trick entwerfen.

Durch verschiedene Farben oder unterschiedlich helle Schraffierung mit Bleistift lässt sich eine bestimmte Sichtweise hervorheben.

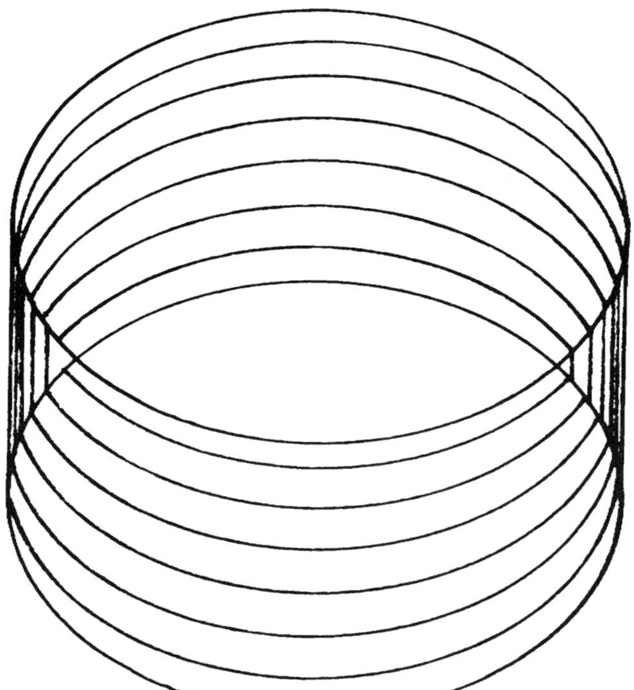

10 MINUTEN

Gestalte ein Muster

Male die Formen nach deinen eigenen Vorstellungen so aus, dass sich ein interessantes Muster ergibt. „Richtig“ oder „falsch“ gibt es dabei nicht.

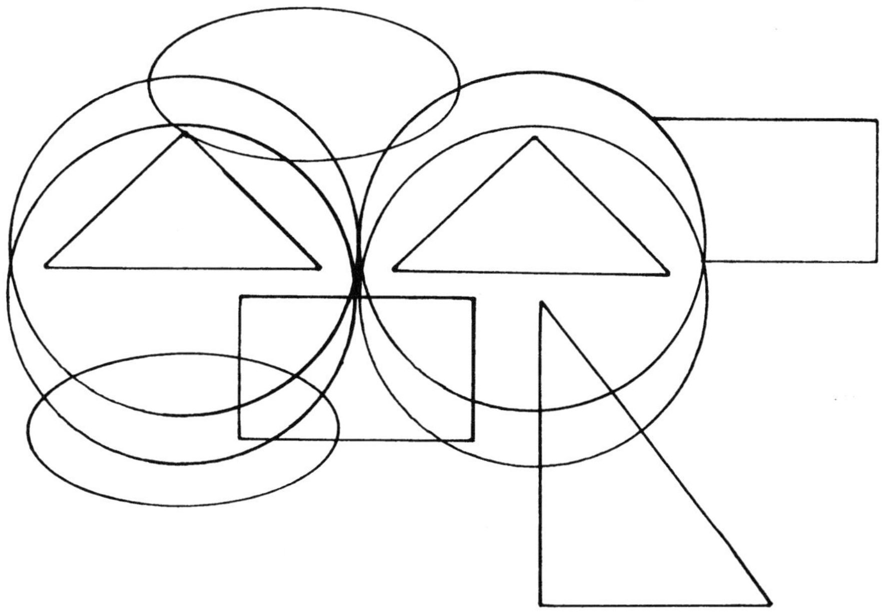

15 MINUTEN

Zeichne das Bild fertig

Dieses Bild wurde nicht zu Ende gebracht. Kannst du es fertig zeichnen?

Nimm ein Extra-Blatt und schau, wie viele Formen oder Muster du ausgehend von diesem Bild malen kannst.

5 MINUTEN

Erfinde ein „Windfahrrad“

Zeichne in den Rahmen ein Fahrrad, das sich mit Hilfe von Windkraft fortbewegen könnte. Schreibe daneben eine Erklärung deines Entwurfs auf.

Erklärung:

____

____

____

____

____

Verwende ein Extra-Blatt, wenn du mehr Platz benötigst.

Welche Farben siehst du?

Male das Rad farbig: ein Drittel rot, ein Drittel blau und ein Drittel gelb. Dann schneide es aus und klebe es auf Karton, den du auf dieselbe Form zugeschnitten hast. Befestige das Farbrad nun in der Mitte mit einem Reißnagel an einer Pinnwand und versetze es in schnelle Drehbewegung. Welche Farben siehst du?

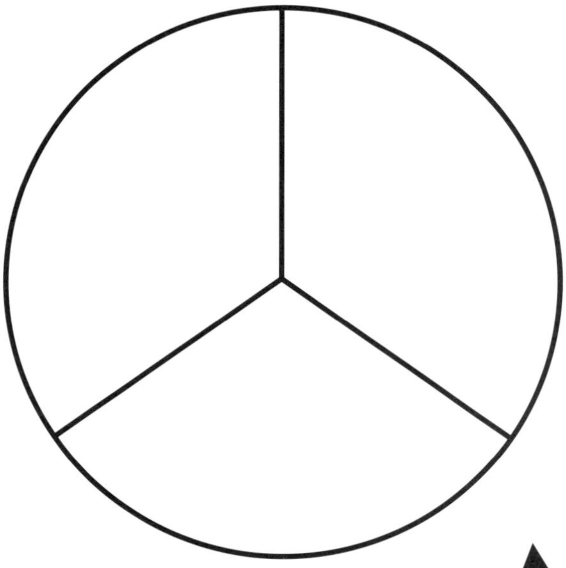

HSU

Falte ein Flugobjekt

Schneide die Figur aus und falte sie entsprechend der Zeichnung. Dann puste dein Flugobjekt leicht von der Seite her an.

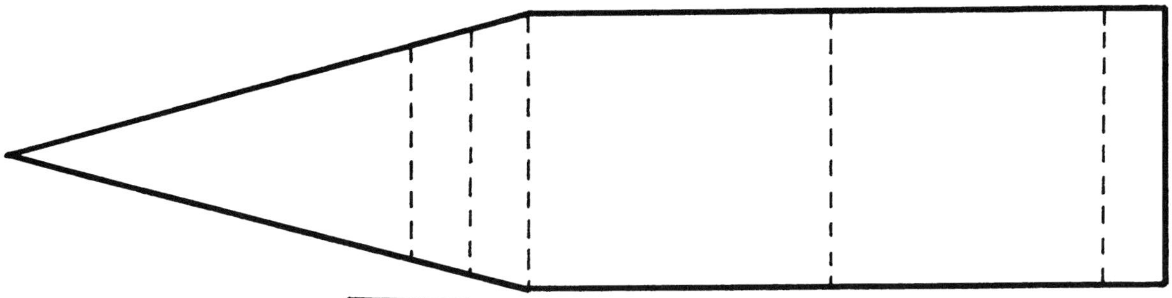

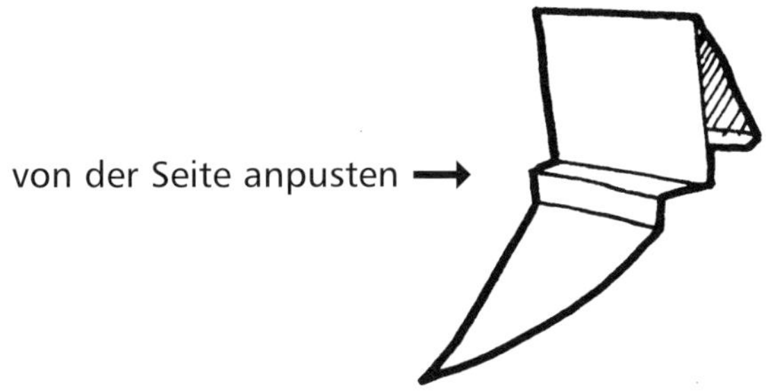

Bastle ein Spielzeug

Schneide die Figur aus und mache drei Einschnitte an den markierten Stellen. Falte nun das Papier unten entlang der gestrichelten Linien und oben wie angegeben. Klebe die Unterseite mit einem Stückchen Klebestreifen zusammen. Jetzt kannst du das Spielzeug in Drehbewegung versetzen.

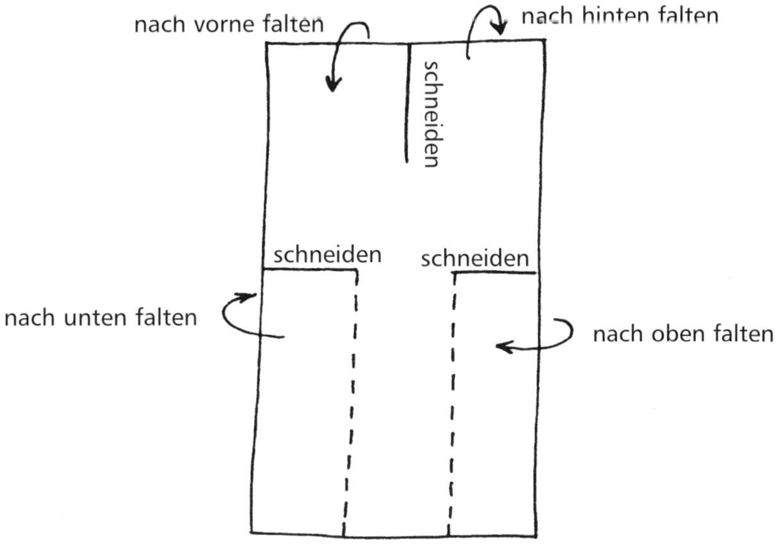

HSU

Woher kommt die Energie?

Schreibe in die Rahmen jeweils einige Beispiele dafür, was von den folgenden Energiequellen mit Energie gespeist wird.

Stromnetz

Batterie

Wind

Benzin

Sonne

Nahrung

HSU

Welche Tiere verstecken sich hier?

Schreibe die Tiernamen aus dem Kreuzworträtsel zu den passenden Überschriften.

O	L	I	B	E	L	L	E	H
D	A	C	H	S	F	I	N	K
P	M	T	A	U	B	E	Y	O
M	A	U	S	P	A	T	Z	B
N	B	W	E	S	P	E	D	R
E	I	D	E	C	H	S	E	A
X	F	B	I	E	N	E	R	A
T	L	E	G	U	A	N	U	L

Säugetiere:
1. ________
2. ________
3. ________

Kriechtiere:
1. ________
2. ________
3. ________

Vögel:
1. ________
2. ________
3. ________

Insekten:
1. ________
2. ________
3. ________

Außerdem findest du noch einen Fisch _______ und ein weiteres Säugetier ___________ im Buchstabenkasten.

Erkläre den Wasserkreislauf

Male das Bild vom Wasserkreislauf farbig an und erkläre, was dabei passiert.

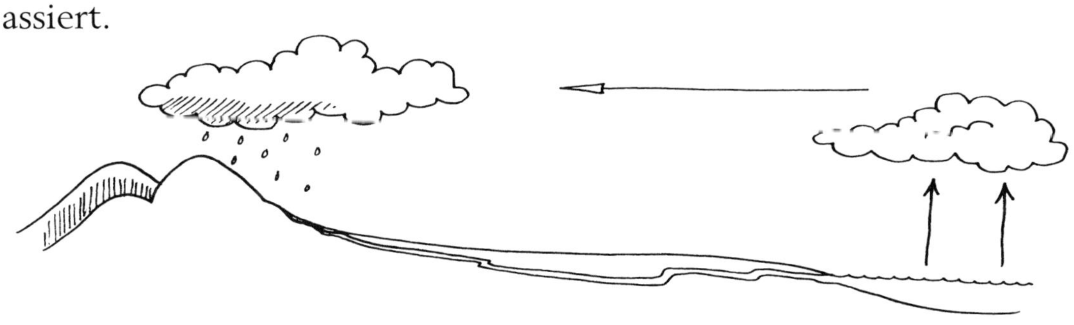

Erklärung:

____

____

____

____

HSU

Welches Tier ist furchtbar fruchtbar?

Welches der abgebildeten Tiere kann sich besonders schnell vermehren? Erkläre, welche Schäden dadurch für die Umwelt entstehen können.

____

____

____

Schreibe hier deine Vorschläge auf, wie man diese Plage in den Griff bekommen könnte:

____

____

____

Wo stecken die Fehler?

Betrachte jedes Bild genau und mache dann jeweils einen Kreis um den Fehler, der dir auffällt. Erkläre auf einem Extra-Blatt, was genau falsch ist.

HSU

Wie viele Wörter findest du?

Suche so viele Wörter wie möglich. Dann zeichne fünf der gefundenen Begriffe in den Rahmen oder auf ein Extra-Blatt.

D	F	U	C	H	S	B	A	U
A	G	K	L	A	R	V	E	P
M	K	I	E	F	E	R	H	O
W	A	B	E	I	C	H	E	L
I	N	A	H	O	R	N	C	L
L	A	U	B	R	U	T	K	E
D	O	N	K	I	T	Z	E	N
D	A	M	M	K	O	K	O	N
S	T	E	I	N	P	I	L	Z

Male das Bild farbig

Verwende bräunliche und rötliche Farben, um diese Höhlenmalerei farbig zu gestalten.

HSU

Ordne die Berufe zu

Verbinde die Berufsbezeichnungen in der linken Spalte mit den entsprechenden Beschreibungen in der rechten Spalte.

1. Ein Bäcker	baut Häuser.
2. Ein Polizist	behandelt kranke oder verletzte Tiere.
3. Ein Lehrer	backt Brot und süßes Gebäck.
4. Ein Zimmermann	repariert Autos.
5. Ein Tierarzt	sorgt dafür, dass die Gesetze eingehalten werden.
6. Ein Apotheker	hilft den Leuten beim Lernen.
7. Ein Friseur	verkauft Medikamente.
8. Ein Mechaniker	schneidet den Leuten die Haare und macht Frisuren.

Zeichne hier auf, was du nach deinem Schulabschluss gern werden möchtest:

5 MINUTEN

HSU

Wer setzt die Regeln fest?

Sieh dir zuerst die Bilder an. Dann schreibe darunter, wer deines Wissens die Regeln für die abgebildeten Tätigkeiten aufstellt und wer ihre Einhaltung überwacht.

______ macht (machen) die Regeln	______ macht (machen) die Regeln	______ macht (machen) die Regeln	______ macht (machen) die Regeln
______ wacht (wachen) über ihre Einhaltung	______ wacht (wachen) über ihre Einhaltung	______ wacht (wachen) über ihre Einhaltung	______ wacht (wachen) über ihre Einhaltung

10 MINUTEN

Das war gestern, was ist heute?

Auf den vier Bildern siehst du Geräte und Hilfsmittel, die früher benutzt wurden. Zeichne daneben, was wir heutzutage stattdessen verwenden könnten.

5 MINUTEN

HSU

Befrage deine Mitschüler in der Klasse

Lass dir von deinen Klassenkameraden erzählen, welche Fernsehsendungen sie gern sehen. Trage die Ergebnisse in die unten stehende Tabelle ein. Jedem Schüler ist eine Spalte zugeordnet. Mache jeweils einen Strich in das Kästchen mit einer Sendung, die er oder sie mag. Dann zeichne deine Ergebnisse in das Diagramm unter der Tabelle ein.

Fernsehsendung	1	2	3	4	5	6	7	8	9	10	11	12	13	14	15	16	17	18	19	20	21	22	23	24	25	26	27	28	29	30
Sport																														
Nachrichten																														
Zeichentrick																														
Natur																														
aktuelle Themen																														
Familienserien																														
witzige Serien																														

Übertrage deine Ergebnisse in das Diagramm:

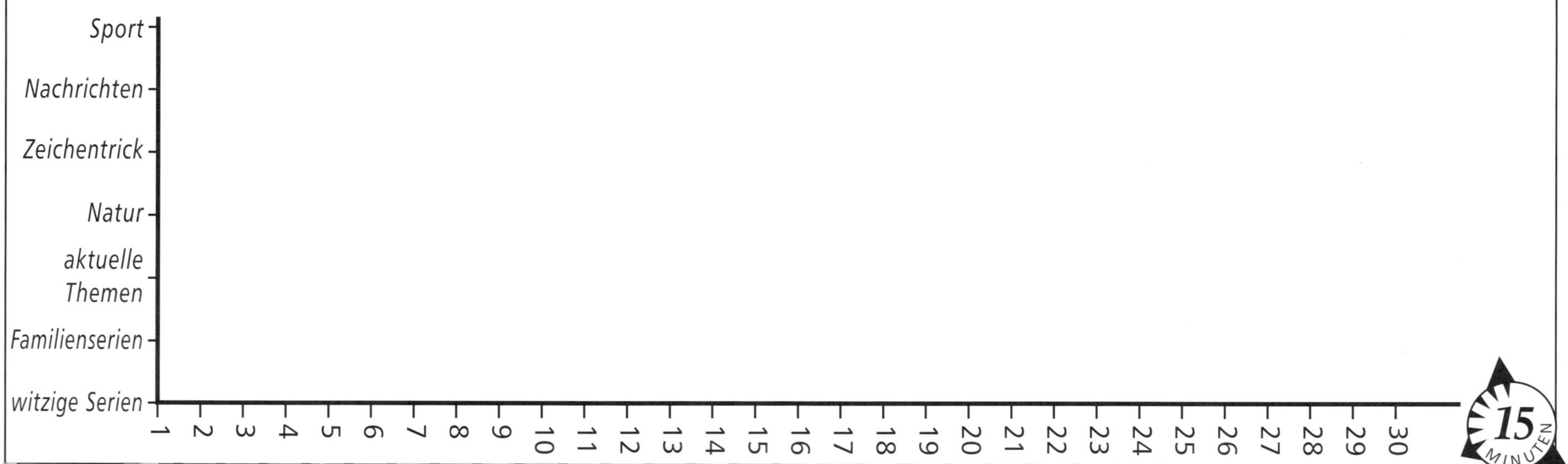

Was kannst du tun?

(a) In deine Klasse ist eine neue Mitschülerin gekommen. Heute ist ihr erster Tag. Sie kann nicht besonders gut Deutsch und sie ist sehr schüchtern. Wie könntest du dazu beitragen, dass sie sich gut in der Klasse aufgenommen fühlt?

1. ______________________________

2. ______________________________

3. ______________________________

(b) Du bist mit deinem Rad auf dem Nachhauseweg und entdeckst ein Kätzchen. Es sieht halb verhungert aus und sein Fell ist verfilzt. Aber du wohnst in einer Hochhauswohnung und du weißt, dass dir deine Eltern kein Haustier erlauben würden. Was könntest du trotzdem tun?

____

____

____

____

____

____

____

HSU

Deutsch

Suche die Verbindung
Pferd/Sattel
Schuppen/Fisch
Katzenjammer
Papier/Stift
Kamel/Höcker
Flasche/Glas
Seide/Raupe
Niere/Herz

Verwandle die Wörter
Land–Rand–Rind–Kind–Wind–Wild–Bild
Korb–Korn–Kern–Kerl–Karl–kahl–Kahn
Ratte–Matte–Mitte–Miete–Miene–Biene

Suche die Einzelwörter
1. krank
2. Löwe
3. Schlange
4. vier
5. Küken
6. zuerst
7. Dorf
8. trocken
9. blau
10. Kuh
11. Schuh
12. Maus

Anfangsbuchstaben
1. Kaulquappe
2. Welpe
3. Biene
4. Elefant
5. Milch
6. zwanzig
7. Hase
8. Gabel
9. Leiter
10. Dampf

übrig bleiben: a) rot b) Ort c) Tor

Welche Tiere sind es?
1. Delfin
2. Salamander
3. Krabbe
4. Hund
5. Papagei
6. Orang-Utan
7. Gazelle
8. Schlange
9. Kranich
10. Ratte

Knack den Code
1. Pferd
2. Esel
3. Zebra
4. Maus
5. Ziege
6. Tiger
7. Spatz
8. Lerche
9. Adler
10. Schwalbe

Was siehst du auf dem Bild?
Mauern, Handwerkerinnen, Ziegel, Flaschen, Kellen, Büsche, Beeren, Glocken, Latzhosen, Fledermäuse, Haare, Bäume, Luftballons, Eimer, Jungen, Fahrräder, Körbe, Hände, Jacken, Hosen, Füße, Brote, Messer, Hügel, Schachteln, Rucksäcke, Bienen, Vögel

Entziffere die Wörter
1. Milch
2. Reis
3. Mehl
4. Butter
5. Rahm
6. Fisch

Suche die versteckten Wörter
1. Hut
2. Tee
3. Mut
4. Ast
5. ist
6. nah
7. Uhu
8. Rat
9. Ton
10. Das
11. lau
12. rot
13. Tag
14. Hai
15. Kuh
16. Tau
17. Ort
18. Eck
19. Rom
20. tun
21. Zeh
22. Zug
23. Lok
24. nun
25. mit

Was gehört zusammen?
1. Mond 2. Butter 3. Frau 4. her 5. Tier 6. Hof 7. leise 8. Stadt

Setze richtig zusammen
1. Brösel
2. Fußball
3. Winter
4. Autobahn
5. Lesebuch
6. Telefon
7. Omnibus
8. Verkäufer
9. Pause
10. Achterbahn
11. Kindergarten
12. Badewanne
13. Tasche
14. Schaufenster
15. Gänseblümchen
16. Wolke
17. Regenschirm
18. Fahrstuhl

Zauberquadrate
Name, Abel, Mehl, Elle
Efeu, fünf, Ente, Ufer

Ordne richtig zu
Farben – beige, lindgrün, violett, orange
Gemüse – Endivie, Fenchel, Kürbis, Lauch
Vögel – Pinguin, Flamingo, Möwe, Elster
Kriechtiere – Salamander, Krokodil, Eidechse, Schlange

Streiche ein Wort weg
1. See – ist kein Tier
2. sah – ist kein Namenwort
3. Oma – ist kein Transportmittel
4. Uhr – fängt nicht mit „T“ an
5. Eis – ist kein Körperteil

Ist das essbar?
1. Hamburger
2. Pfirsich
3. Banane
4. Fleisch
5. Orangen
6. Margarine
7. Zitrone
8. Aprikose

Ergänze die Selbstlaute
1. Drossel
2. Schule
3. Tennis
4. Fragezeichen
5. Traktor
6. Rechteck
7. Nachrichten
8. Gebirge

9. Habicht
10. Schaeferhund
11. Sellerie
12. Buecherei

Bilde Wörter mit „ein"
Bein, Hundeleine, Einkaufswagen, Hinkelstein, weinen, allein, Gemeinde, eintauschen, Verein, beeinflussen … und viele mehr

Wie viele Wörter schaffst du?
Band, Bund, fand, Fund, Hand, Hund, Kind, Land, lind, Mond, Mund, Rand, Rind, rund, Sand, sind, (Sund), Tand, Wand, Wind, wund

Verwende dein Wörterbuch
violetten, Wespen, Beutel-, Leopard, Wildschwein, Fisch, Rindfleisch, Blasinstrument, großzügig, Wohnwagen

Zerlege die Wortstraße
Kran, ran, an, Kranich, ich, nicht, er, her, geben, hergeben, ergeben, eben, Ebene, von rückwärts: Reh

Was ist ähnlich, was verschieden?
bequem – behaglich; ungemütlich
breit – weit; schmal
betrübt – traurig; fröhlich
eine Delikatesse – ein Leckerbissen; schlechtes Essen
starten – losfahren; anhalten
erlauben – genehmigen; verbieten
schlendern – langsam gehen; rennen
feucht – nass; trocken
bedürftig – arm; reich
gelassen – ruhig; aufgeregt

Füge einen Buchstaben hinzu
bald, Stollen, kalt, Glas, stark, sehen, Kirsche, Strand, Zeile, kaum, Wald, dehnen

Was steckt im Buchstabenkasten?
1. 5
2. 1
3. 3
4. 4
5. 6
6. lahm, Eis, es, als, am, Amsel, Alm, Mal, Mehl, Mahl, Halm, Helm, Hals, Hase, las, lieh, sieh, Lehm, Leim, Seil, Same, Mai, Mais, Hai, heil, sie, heim, lies, Ahle

Ordne die Silben
1. Vogel/Wiese
2. Segel/Ratte
3. Sonne/Bluse
4. Haare/Treppe
5. Tasse/Pfirsich
6. Mappe/Zeitung
7. Onkel/Teller
8. Schere/Garten
9. Wiesel/Kaktus
10. Name/Mütze

Welche Buchstaben fehlen?
Banane, Pfirsich, Birne, Aprikose, Nektarine, Mandarine, Trauben, Apfel, Ananas, Pflaume, Orange, Zitrone

Trenne die Wörter
Wespe/Biene, Zebra/Tiger, Kinn/Mund, Stuhl/Tisch zwölf/sechs, Reifen/Bremse

Suche die Wörter in den Wörtern
Hieb, Espen-, ob, Hunde, -raub, Ast, Ring, Tor-, Lamm, Achtel, Amen

Was folgt auf „BE…"?
Bett, bereits, Besitz, Beruf, Beere, begeistert, beginnen, Belgien, Besen, begreifen

Setze die Wörter zusammen
Regenmantel, Zahnbürste, Mondlicht, Fotografie, Rettungsring, Fahrstuhl, Zeichenblock, Raumschiff, Kaminkehrer, Honigwabe

Verbinde die Wortteile
1. Tomate (Oma)
2. Affe
3. Reis (Eisen, Ende)
4. Brot (rot, Weile)
5. albern
6. Fink
7. Holz
8. schwarz (war)
9. feig (lauf, auf, schlau)
10. gern (lieg, Fliege)

Ergänze die Buchstaben
Zebra, Antilope, Pelikan, Giraffe, Elefant, Kuckuck, Ziege, Eisbär, Krokodil, Wildschwein

Suche den gemeinsamen Buchstaben
1. s 2. p 3. e
4. m 5. n 6. h

Welche Aussage passt zu welchem Wort?
1. Holzbauweise
2. Regenbogen
3. Stift
4. Blumenkohlkopf
5. Blumenkohlkopf
6. Stift
7. Fußballmannschaft
8. Regenbogen

Löse das Worträtsel
1. Mauer
2. Schaf
3. Kiste
4. Bohne
5. Apfel
i) Stiefel
ii) Bahnhof
iii) Stoffbeutel
iv) Trick
v) Schneeeule

LÖSUNGEN

Mathematik

Wie lautet die Rechnung?

1. + 14, 14, 17, 18, 21, 24, 24, 24, 23, 30, 33
2. · 15, 18, 28, 20, 24, 25, 45, 14, 40, 100, 24
3. – 7, 6, 10, 11, 5, 6, 9, 29, 6, 5, 80

Suche die Zahlwörter

nicht zum Dreier-Einmaleins gehören: zwanzig, eins, vier, dreizehn

Fülle das Zahlen-Einrad aus

+ 3 5, 6, 13, 8, 9, 10, 15, 7
· 3 9, 12, 18, 15, 30, 24, 21, 27
– 3 7, 12, 17, 97, 37, 15, 9, 27
: 3 3, 4, 5, 7, 6, 10, 12, 8

Verwandle Buchstaben in Zahlen

10, 13, 4, 21, 4, 17, 6, 7, 1, 21, 20, 20

Welche Buchstaben bleiben übrig?

1. Zebra
2. Ananas
3. Besen
4. grün
5. Biber
6. Quark

Wer hat welche Luftballons?

24 5
12 1
40 3
30 2

Setze die fehlenden Zahlen ein

6
14
6
48
21
32

Welche Zahl bin ich?

1. 9
2. 4
3. 17
4. 18
5. 24

Wie weit ist der Weg?

Ameise: 14,5 cm oder 145 mm
Marienkäfer: 15 cm oder 150 mm
Raupe: 14 cm oder 140 mm

Fülle das magische Quadrat aus

9

4	0	5
4	3	2
1	6	2

9

1	6	2
4	3	2
4	0	5

9

1	4	4
6	3	0
2	2	5

12

5	5	2
1	4	7
6	3	3

12

3	3	6
7	4	1
2	5	5

15

8	3	4
1	5	9
6	7	2

Beantworte die Denkfragen

1. Heike
2. Johanna
3. Paul
4. Äpfel
5. Äpfel

Entschlüssle die Codewörter

1. Roller
2. Palme
3. Gummi
4. Barsch
5. Socke
6. Garten
7. Wachs
8. Zauber

Kannst du schnell rechnen?

1. 15
2. 10
3. 10
4. 19
5. 16
6. 20
7. 12
8. 15
9. 17
10. 14
11. 10
12. 165
13. 24
14. 9
15. 32
16. 50
17. 11, 13, 15, 17, 19
18. 109

Löse das Zahlenrätsel

waagrecht:
1. 180
3. 44
5. 2331

senkrecht:
1. 1421
2. 843
3. 111

Schreibe die Preisliste:

Ei:	25 ct
Brot:	€ 1,70
Mehl:	€ 1,60
Essig:	€ 1,75
Butter:	€ 2,40
Fleisch:	€ 2,75
Milch:	€ 2,15
Reis:	€ 1,25

Was kommt heraus?

1. 3 → 6 → 10 → 20 → 30 → 25 → 25
2. 10 → 5 → 15 → 30 → 50 → 80 → 100 → 100
3. 8 → 16 → 36 → 31 → 62 → 70 → 140 → 140

Wie setzt sich die Klasse zusammen?

1. 7
2. 1
3. 5
4. 7
5. 8
6. 4

Welche Früchte verstecken sich?

1. Birne
2. Himbeere
3. Mango
4. Banane
5. Orange
6. Zitrone

Wohin gehören die Fahnen?

$3 \cdot 4 = 2 \cdot 6$
$10 \cdot 2 = 5 \cdot 4$
$6 \cdot 5 = 3 \cdot 10$
$6 \cdot 3 = 2 \cdot 9$
$4 \cdot 4 = 2 \cdot 8$
$8 \cdot 5 = 2 \cdot 20$
$8 \cdot 3 = 2 \cdot 12$
$10 \cdot 5 = 2 \cdot 25$

Wer ist am schwersten beladen?

1. b
2. c
3. b
4. b

Löse das Zahlenquiz

1. 7 + 8	5. 16 + 8
2. 9 + 11	6. 9 + 7
3. 7 + 5	7. 11 + 7
4. 10 + 11	8. 10 + 20

Welche Farbe für welches Kästchen?

gelb: 18
rot: 12
rosa: 26
braun: 35
grün: 33
dunkelblau: 13
schwarz: 24
hellblau: 25

Zähle zusammen

1. 7	3. 5
2. 32	4. 48

Welche Raumschiffe bleiben übrig?

4 + 7 + 8 + 6

Zähle die Quadrate

55 Quadrate

Zähle die Rechtecke

10 Rechtecke

Zähle die Würfel

30 Würfel

Zähle die Dreiecke

10 Dreiecke

Welche Felder ergeben 12 oder 20?

grün gelb *grün* gelb
gelb *grün* gelb gelb
grün *grün* gelb *grün*
gelb *grün* *grün* *grün*
grün gelb gelb gelb

Ergänze die fehlenden Zahlen

2, 2, 4, 3, 3, 2, 4, 8, 2, 6, 4, 4

Beantworte die Fragen

692, 39, 692, 291, 563, 365/563
692 – 563 – 481 – 365 – 291 – 123 – 39

Zähle die Würfelwerte zusammen

a) 9	b) 15	c) 24
d) 30	e) 27	f) 60

Rechne den Wert aus

1. 40 ct
2. 65 ct
3. € 1,20
4. € 1,00
5. € 1,20
6. € 1,25

Erkenne das Verhältnis

1. 8	4. 10
2. 9	5. 16
3. 6	6. 3

Wer hat welche Fische gefangen?

Alex (ungerade): $3 \cdot 5$, $7 \cdot 5$, $5 \cdot 5$, $3 \cdot 7$, $3 \cdot 3$, $7 \cdot 3$, $5 \cdot 3$, 12 + 7, 15 + 6, 12 + 9
Nina (gerade): $3 \cdot 4$, 8 + 8, $4 \cdot 4$, $7 \cdot 2$, $9 \cdot 2$, $6 \cdot 2$, $5 \cdot 4$, $12 \cdot 2$, 7 + 5

Ordne Buchstaben und Zahlen zu

1. 6
2. 29
3. 31
4. 1
5. 3
6. a) Hund b) Bein c) Haut d) Neon

Welche Felder werden farbig?

11 + 4 = 16	4 + 8 + 3 = 15	17 + 4 = 22	3 · 6 – 2 = 16
6 + 8 + 9 = 23	20 : 5 = 4	11 + 11 + 4 = 26	10 : 2 + 11 = 16
3 · 2 + 9 = 15	15 – 3 = 10	30 – 2 – 2 = 26	5 · 5 = 26
12 – 7 = 3	8 + 3 + 7 = 18	10 · 2 + 10 = 30	14 + 6 + 8 = 28
20 – 3 – 6 = 11	18 – 2 – 5 = 13	99 + 2 = 104	28 – 3 – 3 = 22
19 – 6 = 14	9 + 11 + 5 = 25	3 · 2 · 2 = 12	10 · 10 + 10 = 110

Logisches Denken

Ordne die Bildhälften zu

A 3
B 5
C 2
D 1
E 4

Wo ist die ganze Dampflok?

B

LÖSUNGEN

LÖSUNGEN

Wie bekommst du ein Quadrat?

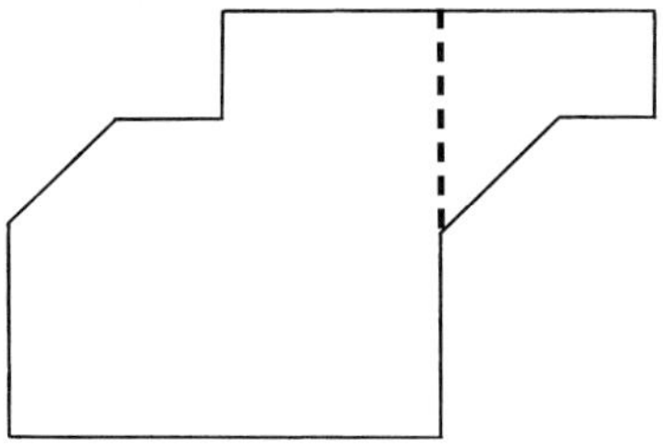

Entschlüssle den Zeichencode

A stich in time saves nine.

A bird in the hand is worth two in the bush.

Meisterst du den (Verw)Irrgarten?

Erkennst du die Tiere?

Hirsch
Hase
Fuchs
Biber
Wildschwein
Igel
Adler
Maus
Wiesel

Finde die Fehler

Der Schatten fällt auf die falsche Seite.

Das Fahrrad hat nur eine halbe Kette.

HSU

Woher kommt die Energie?

Stromnetz – liefert Energie an Privathäuser, Büros, Fabriken, Krankenhäuser usw.

Batterie – für Spielzeug, Taschenlampen, Fernbedienungen, Radios usw.

Wind – Windkraftwerke, Windmühlen, Segelschiffe

Benzin – Autos, Lastwagen, Busse usw.

Sonne – Pflanzen, Solarzellen

Nahrung – Menschen, Tiere

Welche Tiere verstecken sich hier?

Säugetiere – 1. Dachs, 2. Hase, 3. Maus

Kriechtiere – 1. Eidechse, 2. Kobra, 3. Leguan

Vögel – 1. Fink 2. Spatz, 3. Taube

Insekten – 1. Biene, 2. Wespe, 3. Libelle

ein Fisch: Aal; ein Säugetier: Lama

Wo stecken die Fehler?

1. Der Fernseher muss mit dem Stecker ans Stromnetz angeschlossen werden, damit er funktionieren kann.
2. Der Schatten des Baums muss nach vorne fallen, weil die Sonne direkt hinter dem Baum steht.
3. Der Elefant hat einen Pferdeschwanz.
4. Auf dem Mond kann es nicht regnen, weil es dort weder Luft noch Wasser gibt.

Wie viele Wörter findest du?

Kitz, Larve, Damwild, Kokon, Brut, Damm, Fuchsbau, Wabe, Hecke, Eichel, Kiefer, Laub, Steinpilz, Pollen, Ahorn

Ordne die Berufe zu

1. Ein Bäcker backt Brot und süßes Gebäck.
2. Ein Polizist sorgt dafür, dass die Gesetze eingehalten werden.
3. Ein Lehrer hilft den Leuten beim Lernen.
4. Ein Zimmermann baut Häuser.
5. Ein Tierarzt behandelt kranke oder verletzte Tiere.
6. Ein Apotheker verkauft Medikamente.
7. Ein Friseur schneidet den Leuten die Haare und macht Frisuren.
8. Ein Mechaniker repariert Autos.

Wer setzt die Regeln fest?

Fußball – die FIFA (der internationale Fußballverband); der Schiedsrichter.

Verkehrsregeln – die Regierung eines Staates; die Verkehrspolizei.

Spiele – die Tradition (Überlieferung) und die Kinder selbst; die Kinder.

Fernsehen – die Eltern oder eine Aufsichtsperson; die Eltern oder eine Aufsichtsperson.

Das war gestern, was ist heute?

Axt – Kettensäge
Plattenspieler - CD-Spieler oder Kassettenrekorder
Sense – Rasenmäher/Mähmaschine
Handnähen – Nähmaschine